# DOUTES

## SUR

# L'ORDRE NATUREL

## DES SOCIÉTÉS POLITIQUES.

# DOUTES PROPOSÉS

## AUX

# PHILOSOPHES ÉCONOMISTES

## SUR

# L'ORDRE NATUREL ET ESSENTIEL

## DES SOCIÉTÉS POLITIQUES.

*PAR Monsieur l'Abbé DE MABLY.*

A LA HAYE,

*Et se trouve à Paris*

Chez { NYON, Quai des Augustins, à l'Occasion.
{ Veuve DURAND, rue S. Jacques.

M. DCC. LXVIII.

## LETTRE VI.



## LETTRE VII.



## LETTRE VIII.

**Fin de la Table.**

DOUTES

# DOUTES PROPOSÉS

## AUX

## PHILOSOPHES ÉCONOMISTES,

### SUR

## L'ORDRE NATUREL ET ESSENTIEL

## DES SOCIÉTÉS POLITIQUES.

## LETTRE PREMIERE.

### A L'AUTEUR

## DES ÉPHÉMÉRIDES DU CITOYEN.

*Si les propriétés foncieres & l'inéga-*
*lité des conditions sont dans l'ordre*
*de la nature, ou lui sont contraires.*
*L'ordre social est - il une branche de*
*l'ordre physique ?*

Il y a long-temps, Monsieur, que
je suis, comme vous, le Disciple

A

des Philosophes célebres que vous appellez vos Maîtres. Combien de vérités ne leur devons-nous pas sur la nature des impositions, sur les moyens de faire fleurir l'agriculture, & sur le commerce ? Jusqu'à présent la politique s'est conduite au hasard sur ces objets importans, & en faisant de grands efforts pour enrichir un Etat, n'a souvent réussi qu'à tarir la source de ses richesses : il ne tient aujourd'hui qu'à elle de faire des opérations dont le succès est démontré. Après avoir épuisé ces matieres, on a appris avec plaisir que nos Maîtres méditoient de plus grandes découvertes, & qu'ils alloient remonter aux premiers principes de la Société : l'espérance de posséder de nouvelles vérités, nous rendoit d'autant plus impatiens, qu'on entrevoyoit que ce que vous appellez la *Philosophie Rurale*, devoit servir de base & de fondement à tout l'ordre politique, c'est-à-dire, au bonheur des hommes.

Demandoit-on à un Economiste, quel peuple est le plus heureux ? C'est, répondoit-il, celui dont les champs font les mieux cultivés. Quel eſt l'Etat le plus puiſſant ? C'eſt celui qui a l'art de retirer de ſes terres le revenu diſponible le plus conſidérable. On s'attendoit que vous mettriez ſous nos yeux les loix ſimples que la nature nous a preſcrites, & qu'en nous montrant les erreurs qui nous ont écartés de la vérité, vous nous apprendriez par quels chemins nous pouvons nous en rapprocher. Ces eſpérances, je vous l'avouerai, Monſieur, étoient cependant accompagnées de quelque inquiétude ; on voyoit que nos Philoſophes avoient une ſorte de mépris pour les peuples qu'on eſt le plus accoutumé à reſpecter ; ils marquoient une prédilection pour le gouvernement de la Chine : on ne ſavoit comment concilier tout cela avec les principes d'une bonne Philoſophie ; mais, dans la crainte de blaſphémer contre des vérités inconnues, on attendoit en ſilence que l'Oracle parlât avec moins de myſtere.

Ce temps eſt arrivé, Monſieur,

& vous jugez aifément avec quelle avidité j'ai lu l'*Ordre naturel & effentiel des Sociétés* ; mais les deux premieres parties de cet Ouvrage n'ont point produit fur mon efprit le même effet que la troifieme. Je vois qu'on y parle beaucoup d'évidence, & il me femble que rien n'y eft évident. J'ai lu, j'ai relu ; & loin de voir diffiper mes doutes, je les ai vus fe multiplier. Nos Maîtres difent que le doute nous tient dans un état violent, & que l'évidence feule rend le repos à notre efprit : que je vous doive ce repos, Monfieur ; qui pourroit mieux que vous réfoudre les difficultés qui m'embarraffent ? Vous êtes le dépofitaire de la Philofophie dont je cherche à m'inftruire ; elle n'a rien d'obfcur pour vous : tous les mois vous nous en donnez des leçons dans votre Journal. Les doutes que je prends la liberté de vous propofer, vous paroîtront peut-être ne pas mériter votre attention ; mais ce qui eft obfcur pour moi, peut n'être pas affez clair pour un grand nombre de Lecteurs ; & il importe à l'évidence , deſtinée à jouer un ſi grand rôle dans le ſyſtême de votre *Ordre ſocial ,* que rien ne puiſſe retarder ſon triomphe.

Je crains de vous dérober un temps précieux ; venons au fait. J'ai de la peine à comprendre comment ce que vous appellez la propriété perſonnelle, la propriété mobiliaire & la propriété fonciere, ou, pour parler autrement , la propriété de ma perſonne, le droit que j'ai aux choſes néceſſaires à ma conſervation, & la propriété de mon champ, peuvent être *trois* ( 1 ) *ſortes de propriétés tellement unies enſemble , qu'on doive les regarder comme ne formant qu'un ſeul tout dont aucune partie ne peut être détachée, qu'il n'en réſulte la deſtruction des deux autres.* Apprenez-moi, je vous prie, Monſieur, par quelle raiſon les hommes auroient perdu leur propriété perſonnelle, ſi en ſe réuniſſant en ſociété, ils n'avoient pas établi des propriétés foncieres. Si je me trouvois aujourd'hui

_______________

( 1 ) Chap. 4 , p. 46.

dans une Société qui prît la réfolu-
tion généreufe d'obéir aux Loix de
Platon, & d'établir la communauté
des biens, pourquoi mes Concitoyens
& moi perdrions - nous la propriété
de nos perfonnes ? Je me trompe
peut - être ; mais il me femble que
des chofes qu'on ne peut féparer
fans caufer leur deftruction, doivent
toujours avoir été unies, parcequ'elles le font effentiellement & par leur
nature. Cependant ces différentes
propriétés ont exifté féparément.,
puifque, felon notre Auteur même,
ce n'eft que quand les hommes (1)
vinrent à fe multiplier, & que les
productions gratuites & fpontanées
de la terre ne purent plus leur fuf-
fire, qu'ils fentirent la néceffité de
la culture ; néceffité que devoit fui-
vre le partage des terres, & d'où
eft née, pour me fervir de fés termes, l'inftitution de la propriété
fonciere. Or je demande pourquoi
une inftitution arbitraire des hommes, & qu'ils auroient pû ne pas

______

(1) Chap. 3 , p. 28.

établir, ne peut être changée fans ruiner l'ordre même de la nature. Combien de Sociétés exiſtent aujourd'hui qui ne cultivent point la terre ; & parce que les Iroquois & les Hurons ne connoiſſent pas entre eux le partage des terres & les propriétés foncieres, leur refuferiez-vous inhumainement la propriété de leur perſonne ? C'eſt la conſéquence du principe de notre Auteur ; mais je n'en ſens pas la vérité.

*Si-tôt*, dit-il (1), *que les progrès de la multiplication des hommes les obligent d'employer leur induſtrie à multiplier les ſubſiſtances ; le beſoin qu'ils ont de la culture, les force d'inſtituer parmi eux une propriété fonciere qui devient ainſi d'une néceſſité & d'une juſtice abſolues.* Si on ſe contentoit de demander que chaque Société eût en corps, une propriété fonciere, je n'aurois aucun embarras ; car je vois très-bien qu'il eſt indiſpenſable qu'une Société ait un domaine pour aſſurer la ſubſiſtance des Citoyens ; mais,

_______________________

(1) Chap. 3, p. 32.

A iv

qu'on regarde comme d'une néceffité & d'une juftice abfolues , une chofe dont des Sociétés policées & floriffantes fe font paffées : voilà ce qui confond ma raifon , & bouleverfe toutes mes idées.

Les Spartiates ne connoiffoient point les propriétés foncieres ; la République donnoit à chaque Citoyen une certaine quantité de terre dont il n'étoit qu'ufufruitier ; & cependant c'eft en fe tenant ainfi hors de l'ordre naturel & effentiel des Sociétés, que Sparte a fait de plus grandes chofes que les Etats que vous jugez plus fages qu'elle , & a joui d'un bonheur conftant pendant fix cents ans  Voici, Monfieur, qui eft bien plus fâcheux pour votre fyftême ; c'eft qu'on a remarqué que les Spartiates ne devinrent auffi méchans que leurs voifins, & par conféquent auffi malheureux, que quand un Ephore eut fait porter une Loi pour établir la propriété fonciere , & donner aux Citoyens des fonds dont ils difpoferoient à leur volonté. Je fais que votre Journal ne fait pas grand cas de cette République ; mais je prends la liberté de vous avertir que, fi ce mépris eft néceffaire à votre Philofophie, vous dépréviendrez beaucoup de gens contre elle.

Il n'y a pas jufqu'aux Jéfuites, Monfieur, qui ne vous faffent des objections, & ils fe donnent la licence, au Paraguay, de braver impunément la Loi effentielle de votre Ordre naturel. Vous favez que leurs Miffionnaires, raffemblant des Indiens épars dans les forêts, ont formé une Société dont tous les biens font communs. Chaque habitant eft deftiné, fuivant fes talens, fes forces & fon âge, à une fonction utile ; & l'Etat, Propriétaire de tout, diftribue aux particuliers les chofes dont ils ont befoin. Voilà, je vous l'avoue, une économie politique qui me plaît encore autant que fi je n'avois pas lu ce que nos Philofophes ont écrit fur la propriété fonciere. On dit que les Jéfuites ont tourné à leur avantage tous les profits de la République, & qu'ils n'ont fongé qu'à fe faire des efclaves qu'ils abrutiffent fous le

joug d'une dévotion superstitieuse ;
mais si, se bornant à être Missionnaires, & à donner des mœurs aux
Indiens, ils leur eussent appris à se
gouverner par eux-mêmes, & à se
faire des Magistrats qui seroient les
Economes de la République, qui ne
desireroit de vivre dans cette Société
Platonicienne ; & qui de ses Citoyens croiroit avoir perdu la propriété de sa personne, parce qu'il
n'auroit pas un patrimoine qui lui
fût propre ?

Quand on passeroit à notre Auteur que (1) *le plus grand bonheur
possible pour le corps social, consiste
dans la plus grande abondance possible
d'objets propres à nos jouissances,* pourquoi les habitans du Paraguay n'auroient ils pas ce bonheur ? Pourquoi
craindriez vous que la terre ne leur
refusât ses bienfaits ? C'est que l'a-
bondance, me direz-vous, est le
fruit du travail, & que le plaisir de
la propriété peut seul donner le goût
du travail. Mais j'insiste, Monsieur,

_______________________

(1) Chap. 6, p. 65.

& je crois que nos Indiens feront
dans le cas de nos manouvriers qui
travaillent fans avoir de propriété ;
& vous oubliez fans doute que c'eft
la propriété qui a introduit l'oifiveté
& la fainéantife dans le monde.
Quoi ! les campagnes feroient incul-
tes , fi l'envie d'avoir , d'acquérir &
de multiplier mes jouiffances , ne
vient pas m'enlever à une pareffe
ftupide ! quoi , il faut du luxe & des
voluptés pour féconder la terre !
pourquoi donc l'amour du luxe &
des voluptés finit-il toujours par dé-
vafter les campagnes ? N'y auroit-il
donc que l'avarice & la volupté capables de remuer le cœur humain ?
Pourquoi l'amour des diftinctions ,
de la gloire & de la confidération ,
ne produiroit-il pas de plus grands
effets que la propriété même ? On
ne peut m'empêcher de fuppofer
une République dont les Loix en-
courageront les Citoyens au travail,
& rendront cher à chaque particulier le patrimoine commun de la Société. Cette fuppofition n'a rien d'ab-
furde , & n'en voyez - vous pas ,

comme moi, réfulter la plus grande
fertilité & la plus grande abondance?
Mais, Monfieur, nos Religieux qui
n'ont en particulier aucune propriété, & qui jouiffent en commun des
biens de la communauté, font-ils
indifférens fur le fort de ces biens?
Leurs terres font-elles en friche ? Ne
font-elles pas au contraire mieux cultivées que celles du Citoyen qui les
avoifine.

Que je crains que votre Ordre naturel ne foit contre nature ! Dès que
je vois la propriété fonciere établie,
je vois des fortunes inégales ; & de
ces fortunes difproportionnées, ne
doit-il pas réfulter des intérêts différens & oppofés, tous les vices de la
richeffe, tous les vices de la pauvreté, l'abrutiffement des efprits,
la corruption des mœurs civiles, &
tous ces préjugés & toutes ces paffions qui étoufferont éternellement
l'évidence, fur laquelle cependant
nos Philofophes mettent leur derniere efpérance ? Ouvrez toutes les
Hiftoires, vous verrez que tous les
peuples ont été tourmentés par cette

inégalité de fortune. Des Citoyens, fiers de leurs richesses, ont dédaigné de regarder comme leurs égaux, des hommes condamnés au travail pour vivre ; sur le champ vous voyez naître des Gouvernements injustes & tyranniques, des Loix partiales & oppressives, &, pour tout dire en un mot, cette foule de calamités, sous laquelle les peuples gémissent.

Voilà le tableau que présente l'Histoire de toutes les Nations ; je vous défie de remonter jusqu'à la première source de ce désordre, & de ne la pas trouver dans la propriété fonciere. Que ne nous laissoit-on avec la seule propriété personnelle que nous tenions des mains d'une nature bienfaisante ; elle nous destinoit à être égaux, puisqu'aucun homme ne pouvoit exiger d'un autre homme des devoirs qu'il ne fût pas obligé à son tour de remplir à son égard ; elle nous avoit donné à tous les mêmes besoins, pour nous avertir continuellement de notre égalité ; elle nous unissoit par des qualités sociales qui auroient fait notre bonheur, & qui sont devenues autant de passions brutales & féroces, dès qu'il y a eu des riches & des pauvres. Nous sommes bien punis d'avoir cherché le bonheur où l'Auteur de notre être ne l'avoit pas placé.

Comment voulez-vous, Monsieur, que je trouve l'ordre naturel & essentiel de la Société dans ce qui en fait précisément le désordre ? Voilà mon embarras. N'auroit-il pas été digne de nos Philosophes de développer les vérités que je ne fais qu'entrevoir ; non pas pour nous dire qu'il faut renoncer à nos propriétés, & rentrer dans les voies de la nature, ce sermon seroit inutile : mais pour nous présenter les vrais remédes que la Philosophie peut encore employer pour adoucir du moins & diminuer les maux que nous fait la propriété fonciere ? Me trompai-je, si je dis qu'il falloit se borner à faire voir que, dès qu'une fois cette sottise du partage des biens est faite, on est malheureusement condamné à en être éternellement la victime ? Il me semble en effet que la pro-

priété arme en fa faveur cent paffions qui prendront toujours fa dé-
fenfe , & qui n'entendront jamais
raifon. Aucune force humaine ne
pourroit tenter aujourd'hui de rétablir l'égalité , fans caufer de plus
grands défordres que ceux qu'on
voudroit éviter. La troifieme partie
de l'Ouvrage de notre Auteur n'auroit rien perdu de fon mérite , en
étant précédée de ces vérités importantes & utiles à tous les hommes ,
& il fe feroit épargné la peine d'a-
vancer une foule de paradoxes , &
de recourir à des fubtilités qui ferviront peut-être de prétexte à des
perfonnes mal intentionnées , pour
décrier fon travail.

Je ne puis abandonner cette idée
agréable de la communauté des
biens. Suppofons qu'il fe préfente
une occafion où le Légiflateur foit
le maître de donner à fes Citoyens
les idées qu'il voudra ; penfez-vous
qu'il dût alors plus s'occuper de la
culture des fruits de la terre que
de la culture des qualités fociales ?
Je crois deviner votre réponfe ,

& j'en conclus que quand la propriété fonciere seroit beaucoup plus favorable à la réproduction des richesses qu'elle ne l'est en effet, il faudroit encore préférer la communauté des biens. Qu'importe cette plus grande abondance, si elle invite les hommes à être injustes, & à s'armer de la force ou de la fraude pour s'enrichir. Peut-on douter sérieusement que dans une Société où l'avarice, la vanité & l'ambition seroient inconnues, le dernier des Citoyens ne fût plus heureux que ne le sont aujourd'hni nos Propriétaires les plus riches ? Mais, Monsieur, ne nous arrêtons pas aux maux domestiques que la propriété fonciere a produits. En dénaturant tous les rapports qui doivent unir les Citoyens d'un même état, n'a-t-elle pas rompu tous les liens de la Société générale ? Comment voudriez-vous que des hommes accoutumés à la propriété, ne comprissent pas que leur fortune augmenteroit si la République s'agrandissoit aux dépens de ses voisins ? De-là les guerres étrangeres. Des Citoyens sans fortune particuliere, riches du bien public, & égaux entr'eux, n'auroient-ils pas au contraire plus de motifs pour ne pas troubler la tranquillité de leurs voisins ?

C'est d'après la connoissance de ces vérités, que Lycurgue forma ses Institutions, qu'on ne blame souvent que parcequ'on n'en connoît pas l'esprit. Ne lui reprochez plus de n'avoir fait que des soldats ; il falloit bien qu'il fit des hommes capables de défendre la Laconie & de protéger la Gréce, puisque la propriété, déja établie par-tout, n'avoit peuplé la terre que de brigands & de voleurs. C'est parceque les Romains connurent une partie des inconvéniens inséparables de la propriété, qu'ils porterent une Loi pour défendre de posséder plus de deux cents arpens de terre. Ne pouvant plus, à l'exemple des Spartiates, établir la communauté des biens, ils voulurent du moins empêcher qu'il ne s'établît de trop grands Propriétaires dont ils avoient le bon esprit de prévoir &

de craindre l'orgueuil & la tyrannie ; & c'eſt parceque cette Loi ne put-être obſervée chez un peuple conquérant & enrichi des dépouilles des vaincus, qu'il éprouva enfin le même ſort que ſes ennemis.

Permettez-moi à préſent de vous demander , Monſieur , ſi l'ordre eſſentiel auquel la nature appelle les hommes, eſt celui que nous préſente notre Auteur. Il me ſemble que la nature nous dit de cent manieres différentes : vous êtes tous mes enfans , & je vous aime tous également ; je vous ai donné les mêmes droits ; je vous impoſe à tous les mêmes devoirs ; la terre entiere eſt le patrimoine de chacun de vous ; vous étiez égaux quand vous êtes ſortis de mes mains, pourquoi vous êtes vous laſſés de votre condition ? Ne deviez-vous pas ſentir que vous ne tenteriez point impunément d'être plus ſages que moi ? La Philoſophie ne doit-elle pas nous tenir le même langage ? Au lieu d'approuver nos erreurs & d'en faire la regle de notre conduite , ne doit-elle pas nous dire que plus nous ferons d'efforts pour nous approcher de l'égalité, plus nous nous rapprocherons du bonheur ? Cependant on veut nous persuader que *ceux* (1) *qui se plaignent de l'inégalité des conditions, ne voyent pas qu'elle est dans l'ordre de la justice par essence* ; on nous assure que *cette* (2) *égalité chimérique est d'une impossibilité physique dans quelqu'état qu'on suppose les hommes.*

Voyons les preuves de ces étranges propositions. *Une fois*, dit notre Auteur (3), *que j'ai acquis la propriété exclusive d'une chose, un autre ne peut pas en être Propriétaire comme moi & en même-temps.* Sans doute, rien n'est plus vrai dès que les hommes ont partagé les terres, & sont convenus d'avoir des propriétés foncieres ; mais c'est de cette convention qu'est née l'inégalité de fortunes & des rangs ; & il est question d'exa-

---

(1) Chap. 2, p. 24.
(2) Chap. 16, p. 200.
(3) Chap. 1, p. 24.

miner fi avant cela *l'inégalité des conditions étoit dans l'ordre de la juſtice par eſſence.* Pour le prouver, on me dit (2) *qu'il ne faut point regarder l'inégalité des conditions comme un abus qui prend naiſſance dans les Sociétés ; que quand je parviendrois à diſſoudre les Sociétés, on me défieroit de faire ceſſer cette inégalité. Elle a, ajoute-t-on, ſa ſource dans l'inégalité des pouvoirs phyſiques, & dans une multitude d'événemens accidentels dont le cours eſt indépendant de nos volontés ; ainſi dans quelque ſituation que vous ſuppoſiez les hommes, vous ne pourrez jamais rendre leurs conditions égales, à moins que changeant les Loix de la nature, vous ne rendiez égaux pour chacun d'eux les pouvoirs phyſiques & les accidens.*

Prenez garde, Monſieur, que cet argument iroit à faire regarder le droit de la force ou de la ruſe comme un véritable droit ; principe dange-reux : & notre Auteur eſt certaine-

---

(1) Chap. 2, p. 25.

ment bien éloigné de croire que tout appartienne au plus fort ou au plus adroit. Si mes qualités physiques ou morales ne me donnent aucun droit sur un homme moins bien partagé que moi des dons de la nature ; si je ne puis rien exiger de lui qu'il ne puisse exiger de moi , enseignez-moi , je vous prie , par quelle raison je prétendrois que nos conditions fussent inégales. Supposons que la Société où je vis soit dissoute , je me retrouverois par conséquent dans l'état de nature ; & j'ai beau chercher autour de moi , je ne vois ni supérieur ni inférieur. Il faut me montrer en vertu de quel titre je pourrois établir ma supériorité , ou cesser de nous dire que *l'inégalité des conditions soit dans l'ordre de la justice par essence , & que l'égalité n'est qu'une chimere dans quelqu'état qu'on suppose les hommes.* Non , Monsieur , ces erreurs de l'humanité sont réprouvées par la nature , puisqu'elle nous en punit. Dès que nous avons eu le malheur d'imaginer des propriétés foncieres & des conditions différentes, l'avarice, l'ambition, la vanité, l'envie & la jaloufie devoient fe placer dans nos cœurs pour les déchirer, & s'emparer du Gouvernement des Etats pour les tyrannifer. Etabliffez la communauté des biens, & rien n'eft enfuite plus aifé que d'établir l'égalité des conditions, & d'affermir fur ce double fondement le bonheur des hommes.

Les qualités phyfiques & morales ne font pas égales dans tous les individus ; & je fais, pour me fervir des expreffions de notre Auteur, qu'emportés par le tourbillon des hafards, ils fe rencontrent dans des circonftances plus ou moins heureufes, & que fi on les abandonnoit à eux-mêmes, l'égalité devoit bientôt fe détruire. Mais n'eft-il pas du devoir de la politique d'étouffer le germe du mal ou d'empêcher qu'il ne fe développe ? Au lieu de réfifter aux efforts des vagues & des vents, le Pilote doit-il s'abandonner à la tempête ? Nos peres n'ont pas vu le danger qui les menaçoit ; bien loin de s'oppofer à ce qui pré-

paroit l'inégalité des conditions,
ils l'ont favorifée en établiffant les
propriétés foncieres, & leur ignorance leur fert d'excufe. Mais à mefure que les Sociétés ont vu les défordres fe multiplier fous la protection de la propriété, & que les conditions de jour en jour plus inégales
donnoient une nouvelle force aux
paffions; n'étoit-il pas du devoir de
la politique de remonter à la fource
du mal, & d'oppofer des digues à ce
torrent prêt à déborder ? Ne falloit-
il pas, comme Lycurgue, établir la
communauté des biens, ou du moins
comme les Romains, implorer le
fecours des Loix Agraires? Ce que la
politique n'a pas fait, parcequ'étant
déja détournée de fon objet par l'intérêt des riches & des ambitieux,
elle n'étoit plus que l'inftrument de
leurs paffions; pourquoi nos Philofophes ne le font-ils pas aujourdhui ?
Leur devoir eft de nous avertir de
nos erreurs, & ils nous préfentent
les abus de nos paffions comme les
Loix de la nature. *Faut-il fe propofer,*

dit notre Auteur (1), *d'établir l'éga-lité des conditions ? Non.* C'eſt auſſi mon ſentiment ; le mal eſt aujour-d'hui trop invétéré pour eſpérer de le guérir ; mais, quand il ajoute que, pour y réuſſir, *il faudroit détruire toute propriété, & par conſéquent toute Société,* je ne puis m'empêcher de vous demander un éclairciſſement ; car je ne vois point qu'il fût néceſ-ſaire de détruire la propriété per-ſonnelle, qui exiſte très-bien ſans propriété fonciere, & qui ſuffit ſeule pour ſervir de fondement à la So-ciété, c'eſt-à-dire, pour nous forcer à l'établir & à la conſerver.

Quoique ma Lettre, Monſieur, commence à devenir bien longue, permettez-moi de vous conſulter en-core ſur un endroit qui m'embar-raſſe. *Tout eſt phyſique dans la nature,* dit notre auteur (2) ; *ainſi l'ordre na-turel, dont l'ordre ſocial fait partie, n'eſt, & ne peut être autre choſe que*

_______________________

(1) Chap. 2 , p. 26.
(2) Chap. 6 , p. 60.

*l'ordre*

*l'ordre physique. Si quelqu'un , ajoute-t-il , faisoit difficulté de reconnoître l'ordre naturel & essentiel de la Société pour une branche de l'ordre physique , je le regarderois comme un aveugle volontaire , & je me garderois bien d'entreprendre de le guérir.* Il faut que cette vérité soit bien évidente , pour qu'on ne puisse la nier de bonne foi ; ce ton imposant m'intimideroit peut-être , si je ne trouvois dans notre Auteur même des raisons pour douter de ce qui lui paroît si évident.

*C'est* , dit-il , *fermer les yeux à la lumiere que de ne pas voir que l'institution de la Société est le résultat d'une nécessité physique.* Oui , je vois que nos besoins physiques ont contribué à l'établissement de la Société ; mais , si vous ne voulez pas que je croie que des causes morales y ont aussi concouru , pourquoi avez-vous commencé votre Ouvrage par m'apprendre qu'*il* (1) *est évident que l'homme susceptible de compassion , de pitié , d'amitié, de bienfaisance, de gloire, d'ému-*

_______________________________

(1) Chap. 1 , p. 3.

B

lation, d'une multitude d'affections qu'il ne peut éprouver qu'en Société, est destiné par la nature à vivre en société ? Je continue ma lecture, & je trouve, dans ce premier Chapitre, ce passage remarquable : *Nous trouvons en nous deux mobiles qui sont les premiers principes de tous nos mouvements ; l'un est l'appétit des plaisirs, & l'autre l'aversion de la douleur. Par l'appétit des plaisirs, on ne doit pas entendre seulement l'appétit des jouissances purement physiques, de ces sensations agréables qui naissent en nous nécessairement, selon la disposition naturelle de nos sens, & sans le concours de nos facultés intellectuelles ; mais, sous le nom de plaisirs, il faut comprendre encore ce que nous pouvons nommer la délectation de l'ame, ces douces & vives affections qui la pénétrent si délicieusement, qui la remplissent sans lui laisser aucun vuide, qui naissent des rapports que nous avons avec les êtres de notre espece, & que nous ne pouvons éprouver que dans la Société.*

*De même quand je parle de l'aversion de la douleur, l'idée que je veux présen-*

ter ne doit point être refferrée dans ce
qui concerne les maux phyfiques : elle
embraffe encore toutes les fituations pé-
nibles, ennuyeufes & affligeantes, dans
lefquelles l'ame ne peut fe trouver qu'à
l'occafion de notre exiftence en fociété.
Ces fortes d'affections fociales, quoiqu'elles ne nous foient communiquées
que par l'entremife de nos fens, prennent fur nous un tel empire, qu'elles
nous forcent fouvent à leur facrifier nos
fenfations phyfiques les plus cheres. C'eft
à ces affections fociales que nous obéiffons, lorfque nous paroiffons renoncer
à nous - mêmes pour ne plus vivre que
dans les autres, pour ne plus jouir que
de leurs propres jouiffances, pour ne plus
connoître le plaifir, qu'autant qu'il paffe
par eux pour arriver jufqu'à nous. Nous
leur obéiffons encore, lorfque nous nous
élevons jufqu'au mépris des richeffes &
de la vie, & que nous préférons la douleur phyfique, la mort même, au deshon-
neur ou à quelque autre chagrin qui naît
de nos rapports avec la fociété.

Comment, Monfieur, après que
notre Auteur m'a fait connoître,
dans fon premier Chapitre, les qua-

lités morales qui ont dû réunir les
hommes en société, après m'être im-
bu de ces idées, il faut que, dans le
sixieme Chapitre, je m'accoutume
à ne voir dans l'homme qu'une machine physique, sous peine d'être
traité d'aveugle volontaire. Monsieur, ce procédé me paroît dur ; si
vous m'avez trompé, pourquoi me
reprocher mon erreur ? On me dit
que la Société *se forme par un concours
de causes physiques ;* mais, pourquoi
passer sous silence les causes morales
du premier Chapitre, puisqu'elles
ont tant de force pour unir les hommes ? La Société *est composée d'êtres
physiques ;* mais ces êtres physiques
ont des qualités morales. *Elle agit &
se maintient par des moyens physiques ;*
mais elle agit & se maintient aussi
par des moyens moraux. *Les objets
de son établissement sont physiques ; les
effets qui lui sont propres sont physiques ;* mais quelques-uns de ces objets, quelques-uns de ces effets ne
sont-ils pas moraux ? J'ai beau étudier l'homme, je vois partout le
mélange du physique & du moral.

Est-il permis à un Philosophe de se contredire ? Pourquoi sépare-t-il ce que la nature a joint pour ne faire qu'un tout, moitié physique & moitié moral ?

*N'est-il pas manifestement évident,* nous dit-on (1), *qu'il nous est physiquement impossible de vivre sans subsistances ?* D'accord ; mais n'est-il pas également évident que nous ne pouvons être en société sans qualités sociales ? Qui pourroit nier, Monsieur, que les qualités morales n'aient beaucoup plus contribué à l'établissement de la Société, que le besoin de subsistances ? La terre produisoit des fruits spontanés ; & combien n'a-t-il pas dû s'écouler de siécles avant que les hommes aient connu la nécessité de la culture ? *N'est-il pas,* ajoute-t-on, *manifestement évident que les hommes se multipliant suivant le cours naturel de l'ordre physique dans les climats qui leur sont propres, il est physiquement impossible qu'ils ne manquent pas de subsistances, s'ils ne les*

_______

(1) Chap. 6, p. 62.

B iij

*multiplient pas par la culture ?* Ici je
commence à douter ; & je prends la
liberté de vous répondre qu'un peuple qui ne cultive pas la terre , ne
se multipliera pas beaucoup ; mais ,
au défaut des fruits sauvages que la
Nature produit de tous côtés , la
chasse & la pêche pourvoiront à sa
subsistance ; & d'ailleurs ne peut-il
pas élever des troupeaux ? Depuis
combien de siécles des Tribus de
Sauvages vivent-elles ainsi en Amérique ou en Afrique ? Les Scythes
anciens , les Tartares aujourd'hui
ne sont-ils pas une preuve de mon
opinion ? Il faudroit être , je crois ,
un aveugle volontaire , pour ne pas
voir combien les établissements moraux contribuent à la propagation
des hommes , & que la Société n'a
besoin de cultiver la terre pour multiplier ses subsistances , qu'autant
qu'elle se police , c'est-à-dire , que
ses mœurs , ses Loix & ses institutions sont plus propres à la rendre
heureuse.

Suivant notre Auteur , *il est manifestement évident que toutes les institu-*

tions sociales, requises pour que la culture puisse s'établir, deviennent d'une
nécessité physique, & par conséquent que
la propriété foncière, qui donne le droit
de cultiver, est d'une nécessité physique.
Ne diroit-on pas que l'objet, la fin,
le terme de la Société est la culture
de la terre ? Non, Monsieur, les
institutions sociales n'ont pas été établies parceque l'homme est un animal qu'il faut nourrir, mais parcequ'il est intelligent & sensible. Il peut
se passer de cultiver la terre ; mais
rien ne peut le dispenser de faire des
Loix. La culture est faite pour em-
bellir & aider la Société, & la Société n'est point faite pour faire fleurir l'agriculture. Pour prouver que
l'établissement des Loix & des Magistrats est une branche de l'ordre
physique, remarquez que notre Auteur est obligé de déranger l'ordre
de nos besoins, & de ne considérer
les institutions politiques que relati-
vement à l'abondance & à la sûreté
des récoltes : on diroit que sa Philosophie ayant commencé par s'occuper de l'agriculture, il voudroit que

la nature eût été assujettie à cette marche.

Vous pensez bien, Monsieur, qu'après tout ce que j'ai pris la liberté de vous dire sur les maux inséparablement unis à la propriété fonciere, je ne puis consentir qu'elle soit d'une nécessité physique. La Nature, au lieu d'être notre mere, seroit notre marâtre, si elle nous eût condamnés à faire cet établissement pernicieux. Nous pouvons avoir abusé de notre liberté, nous avons pû nous égarer & ne pas nous servir de notre intelligence comme nous le devions ; mais ne l'accusons pas de nos erreurs, & gardons - nous de croire que les inventions d'une mauvaise politique soient l'ordre auquel elle nous appelloit.

Je ne suivrai pas plus loin notre Auteur dans l'examen de ses nécessités physiques ; mais je remarquerai que le physique & le moral étant unis dans l'homme, ils doivent l'être également dans la Société ; & j'aurois voulu qu'on eût montré cette chaîne invisible qui en lie toutes les

branches & toutes les parties morales & phyſiques. Dans un Ouvrage
où l'on prétend nous expoſer l'ordre
naturel & eſſentiel de la Société,
j'aurois voulu ne pas lire (1) *qu'en
général le plus grand bonheur poſſible
pour le corps ſocial, conſiſte dans la
plus grande abondance poſſible d'òbjets
propres à nos jouiſſances, & dans la
plus grande liberté poſſible d'en profiter... Que* (2) *la richeſſe des récoltes an-
nuelles eſt la meſure de la population &
de tout ce qui conſtitue la force politique
d'une Société ; par conſéquent que l'ac-
croiſſement de ſes richeſſes à leur plus haut
degré poſſible, eſt ce qui, dans l'ordre
politique, établit ſon meilleur état poſſible, c'eſt-à dire, ſa plus grande puiſſance & ſa plus grande ſûreté poſſibles.*

Ah ! Monſieur, où en ſommes-
nous ? Je n'aurois jamais cru qu'on
pût porter l'engouement rural juſqu'à ce point. Comme de vils ani-
maux, ne nous occupons pas de notre ſeule pâture ; ſi nous n'avions

------

(1) Chap. 6, p. 65.
(2) *Ibid.* p. 66.

B v

que ce befoin , nous ferions comme eux incapables de Société. Daignons quelquefois nous confidérer comme des êtres intelligens & fenfibles , que notre intelligence & notre fenfibilité réuniffent ; & nous verrons naître bien d'autres befoins que ceux de l'agriculture. Nous verrons que la juftice , la prudence , le courage , &c. nous font auffi néceffaires que les fruits de la terre. Voyez que , fans les vertus fociales , vos campagnes refteront en friche , ou feront dévaftées. Craignez que , fans leur fecours , les paffions de vos Citoyens ne détruifent tout ; craignez que des étrangers avides , après vous avoir ravi votre liberté , ne vous condamnent , vous & vos champs , à cette ftérilité que vous redoutez. Non , Monfieur , dans la fituation où la propriété fonciere a réduit les hommes , il n'eft point fûr que toute la politique confifte à augmenter fon *revenu difponible* , à n'établir que des impôts directs fur les terres , & à refpecter religieufement les fonds néceffaires à la réproduction des fruits : il faut fans doute avoir de bonnes récoltes ; mais il faut commencer par avoir d'excellens Citoyens. L'agriculture floriffante eft ordinairement le fruit d'un bon gouvernement, mais elle ne le fait pas. Ne tranfpofons pas les chofes ; c'eft la culture des hommes, c'eft-à-dire, ce font les vertus fociales qui ferviront de bafe au bonheur de la Société : voilà le premier objet de la politique ; nos champs viendront après.

J'ai l'honneur d'être, &c.

# LETTRE II.

*La propriété fonciere est-elle une suite juste & nécessaire de la propriété personnelle ? Les Magistrats doivent-ils partager les récoltes avec les Propriétaires ? Doutes sur le pouvoir de l'évidence.*

**M**ALGRÉ l'extrême impatience que j'ai, Monsieur, d'en venir à la seconde partie de l'Ordre naturel & essentiel des Sociétés, & de recevoir de vous des éclaircissements sur les questions les plus importantes qu'elle renferme ; je ne puis me dispenser de vous dire encore un mot sur la propriété fonciere, & de m'arrêter même sur quelques endroits de la premiere partie, qui n'ont pas, du moins pour moi, cette évidence triomphante à laquelle l'esprit ne peut résister.

Notre Auteur prouve très bien (1) *que la propriété personnelle est un droit*

_______________________

(1) Chap. 7, p. 73.

*naturel dans les hommes*, un droit qui eſt néceſſairement donné à tout ce qui reſpire, un droit qui eſt eſſentiel à leur exiſtence, & dont ils ne peuvent être dépouillés ſans injuſtice. Je comprends à merveille cette doctrine ; & quand il fait voir que ce qu'il appelle la propriété mobiliaire, qui n'eſt que le droit de pourvoir à ſa ſubſiſtance, découle néceſſairement de la proprieté perſonnelle, & n'eſt pas un droit moins ſacré, je ne ſuis arrêté par aucune difficulté. Mais ce que je ne devine pas de même, c'eſt comment les hommes, dès qu'ils connoiſſent la propriété perſonnelle & la propriété mobiliaire, c'eſt-à-dire, dès qu'ils penſent, *arrivent naturellement à ſentir & comprendre la juſtice & la néceſſité de la propriété fonciere qui prend naiſſance*, dit il, *dans les deux premieres propriétés.* Je ſuis maître de ma perſonne ; j'ai droit de pourvoir à ma ſubſiſtance ; donc il eſt juſte & néceſſaire que j'aie une propriété fonciere. Cet argument ne me paroît pas dans les régles, à moins que cette propriété fonciere ne ſoit pour

moi un moyen unique & indispensable pour subsister.

Si je me mets à la place d'un de
ces premiers hommes qui se réuni-
rent en Société, & que je tâche
d'analiser ce qui se passe alors en
moi, il me semble que je ne découvre rien qui doive me donner l'idée
des propriétés foncieres. J'étois accoutumé à regarder la terre entiere
comme le patrimoine de chaque
homme. Mes qualités sociales com-
mençoient à se développer, j'entre-
voyois de nouveaux besoins, &
l'acte par lequel j'entrois en société,
bien loin de me concentrer davantage dans mes intérêts, commençoit à me séparer en quelque sorte,
à m'éloigner de moi-même, en me
donnant l'idée d'un bien commun &
général ? Comment pouvoit-il me
venir dans l'esprit de desirer alors
une propriété fonciere & d'en sentir
la nécessité & la justice ? Il me
semble qu'en suivant une certaine
analogie qui regne entre toutes les
opérations de notre entendement,
mes pensées devoient au contraire

se tourner du côté de la communauté des biens ; & les secours que j'espérois de mes nouveaux Concitoyens, m'apprenoient ce qu'ils attendoient à leur tour de moi. Notre chasse, devois-je dire, notre pêche, les fruits que nous avons cueillis, tout entre nous sera commun. Quand la fortune n'aura pas favorisé mes recherches, les autres me fourniront ma subsistance ; & je les consolerai à mon tour de leurs disgraces quand leurs peines seront infructueuses, je partagerai avec eux les fruits que j'aurai ramassés, ou le gibier que j'aurai pris.

Prenez garde, Monsieur, qu'en faisant cheminer l'esprit humain avec plus de rapidité, vous perdriez la chaîne qui doit lier toutes nos idées les unes aux autres. Mais laissons ces réfléxions étrangeres à mon sujet. Un des principaux avantages que je trouve à vivre en société, c'est que je suis en droit d'exiger qu'elle pourvoye à ma subsistance, parceque je consens de travailler pour elle : mais qu'elle se charge

de ce soin, en laissant les biens en
commun, ou en partageant le domaine public en propriétés foncieres
pour chaque Citoyen, c'est la chose
du monde la plus indifférente. Plus
j'y réfléchis, moins je découvre
cette justice & cette nécessité dont
parle notre Auteur ! Je croirois assez
vraisemblable qu'on ne doit la premiere idée des propriétés foncieres,
qu'à la paresse de quelques frèlons
qui vouloient vivre aux dépens des
autres sans peine, & à qui on n'a-
voit pas l'art de faire aimer le
travail.

Autre doute, Monsieur ; on pré-
tend (1) *qu'il est d'une nécessité absolue
que la sureté des récoltes soit payée à
ceux qui la p ocurent : & que le devoir
de les protéger assure aux protecteurs
le droit de les partager entr'eux, les
Cultivateurs & les Propriétaires fonciers.*
Au lieu de l'ordre essentiel de la nature, je crains bien qu'on ne nous
donne ici que l'ordre naturel de l'avarice, de la cupidité & de la sottise.

_______________

(1) Chap. 7, p. 75.

La Société a besoin de Magistrats pour faire observer les Loix, & les Loix ont sagement pourvu à ce qu'un Citoyen ne puisse nuire à la propriété d'un autre Citoyen ; & que les campagnes ne soient dévastées par des ennemis étrangers. J'admire ce bon ordre ; mais pourquoi en conclure, je vous prie, que le Magistrat a droit de partager les récoltes avec les Propriétaires ? Vous me répondez que cette portion des récoltes est le salaire légitimement dû à la peine du Magistrat & des soldats leurs agens, qui sont chargés de veiller à la conservation du pays & de le défendre ; tandis que le Cultivateur occupé du soin de défricher, de labourer, de semer, de planter, de récolter, jouira de la sureté qui lui est nécessaire.

Ce n'est point là, je crois, Monsieur, l'ordre naturel & essentiel des Sociétés, puisqu'une politique raisonnable ne peut s'en accommoder. Ne voyez vous pas, vous dira-t-elle, que le salaire dû aux Magistrats, c'est l'estime, c'est la confiance, c'eſt la conſidération ? Dès qu'ils ne ſe contenteront pas de cette retribution, ſoyez ſûr que vous êtes déja bien loin de l'ordre que vous preſcrit la nature ; ſoyez perſuadé qu'il ne vous reſte aucun moyen pour empêcher que l'adminiſtration de vos affaires ne ſoit preſque toujours confiée à des mains infidelles & avares.    Ce que vous établiſſez comme un droit juſte, légitime & indiſpenſable, eſt le germe de la corruption. Pourquoi introduire une milice dans votre Société ? En armant les Magiſtrats de cette force, ne ſentez-vous pas que vous les invitez à devenir injuſtes, & qu'ils abuſeront des Loix ? Si vos Propriétaires & vos Cultivateurs ont le ſens commun, qu'ils ſe chargent eux-mêmes de prendre l'épée, quand il faudra défendre leurs récoltes contre les étrangers : qu'ils ne ſachent pas ſe protéger eux-mêmes, & je vous réponds qu'ils ſeront bientôt les eſclaves de leurs Magiſtrats & de leur milice.

C'eſt ce beau principe, Monſieur,

de payer en argent la protection des Magiftrats & les fervices des Citoyens, qui a tout gâté. Faites attention que fous prétexte de remplir un devoir, vous avez éteint l'amour du bien public, & donné l'effor aux paffions les plus dangereufes. Il n'eft pas poffible que les Magiftrats & les gens de guerre dont vous avez fait des mercenaires, n'eftiment l'argent qui eft devenu leur récompenfe. En même tems que leur pareffe imaginera cent raifons pour diminuer leurs devoirs, leur avarice ingénieufe trouvera cent moyens d'augmenter leurs falaires : les befoins de l'Etat fe multiplieront à vûe d'œil : on donnera bientôt ce nom impofant aux befoins les plus frivoles du Magiftrat. Tout eft alors perdu, parceque vos Propriétaires & vos Cultivateurs ne manqueront pas de voir que le Gouvernement abufe de fes forces, & fe moque d'eux. Où trouverez-vous alors l'ordre naturel & effentiel de la Société ? Pour moi, je ne vois de toutes parts que des hommes mécontents les uns des autres : il n'eſt plus poſſible, dans cette ſituation, que les qualités ſociales, par leſquelles la nature nous invite à vivre en ſociété, ne deviennent des paſſions féroces, ou que les ames affaiſſées ne tombent dans une léthargie ſtupide. Perſonne ne ſe rend juſtice, perſonne n'eſt content de ſon état, perſonne ne veut ſe tenir dans la place qu'il occupe ; ou s'il paroît encore une apparence d'ordre, il eſt l'ouvrage de la crainte.

Je paſſe à mon troiſieme doute. *Il eſt ſenſible*, dit notre Auteur (1), *que l'ordre naturel & eſſentiel des Sociétés ne peut s'établir, s'il n'eſt ſuffiſamment connu.* Qui pourroit nier cette propoſition ? *Mais auſſi*, continue t-il, *par la raiſon qu'il conſtitue notre meilleur état poſſible, il eſt ſenſible encore que, ſi-tôt qu'il eſt connu, ſon établiſſement doit être l'objet commun de l'ambition des hommes ; qu'il s'établit alors néceſſairement, & qu'une fois qu'il eſt établi, il doit néceſſairement ſe perpétuer.* Je nie tout cela, Monſieur:

_______________

(1) Chap. 8, p. 82.

premierement, quand on préfente-
roit aux hommes le véritable ordre
de la nature, qui, felon moi, confifte dans la communauté des biens
& l'égalité des conditions, je conviens très-franchement qu'il ne feroit aucune impreſſion ſur leur eſprit;
des barrieres infurmontables nous fé-
parent pour jamais de ce bonheur.
En fecond lieu, je foutiens que,
quand le fyftême de notre Auteur
offriroit tout ce qu'on peut imaginer
de plus fage pour remédier à la fituation déplorable où la propriété
fonciere nous a jettés, ces grandes
vérités ne feroint point l'objet de
l'ambition des hommes.

Voyons l'argument de notre Philofophe. *L'appétit des plaifirs, ce mo-*
*bile, dit-il, ſi puiſſant qui eſt en nous,*
*tend naturellement & toujours vers la*
*plus grande augmenation poſſible de*
*jouiſſances, & le propre du deſir de*
*jouir eſt de faiſir les moyens de jouir.*
*Les hommes ne peuvent donc connoître*
*leur meilleur état poſſible, que toutes*
*les volontés & toutes les forces ne ſe*
*réuniſſent pour ſe le procurer & ſe l'aſ-*

furer. Voilà qui eft le mieux raifonné du monde ; mais, comment voulez-vous, Monfieur, que, dans une Société à propriétés foncieres, par conféquent à inégalité de conditions, & où, pour furcroît de bien, vous ftipendiez les Magiftrats & les Citoyens comme des mercenaires, on imagine un ordre qui leur paroiffe à tous le meilleur état poffible ? Qui ne voit pas que nos Sociétés font partagées en différentes claffes d'hommes, qui, graces aux propriétés foncieres, à leur avarice & à leur vanité, ont toutes des intérêts, je ne dis pas différents, mais contraires ? Il faut être bien fûr de fon éloquence & de fon adreffe à manier des fophifmes, pour ofer fe flatter qu'on perfuadera à un manouvrier qui n'a que fon induftrie pour vivre laborieufement dans la fueur & dans la peine, qu'il eft dans le meilleur état poffible ; que c'eft bien fait qu'il y ait de grands Propriétaires qui ont tout envahi, & qui vivent délicieufement dans l'abondance & les plaifirs. Comment convaincra - t - on le

Cultivateur qu'il vaut autant n'être que le Fermier d'une terre, que d'en avoir la propriété ? Je me lasserois à parcourir toutes les différentes conditions qui, étant toutes mal à leur aise, se sont toutes accoutumées à se nuire réciproquement, dans l'espérance de faire leur bien particulier aux dépens du public. En un mot, Monsieur, comment vous y prendrez-vous pour faire croire aux hommes qui n'ont rien, c'est-à-dire, au plus grand nombre des Citoyens, qu'ils sont évidemment dans l'ordre où ils peuvent trouver *la plus grande somme possible de jouissances & de bonheur* ? On ne démontre pas qu'une erreur est une vérité.

C'est de la comparaison que chaque homme fait continuellement de sa fortune avec celle de ses voisins & de ses concitoyens, que naît cette inquiétude secrete qui nous agite sans cesse, & qui est toujours prête à troubler la Société en troublant l'intérieur des familles. Qu'il descende un Dieu sur la terre, comme le dit Horace, qu'il exauce les vœux de tous les hommes , que chacun obtienne aujourd'hui ce qu'il demande , ce fera à recommencer demain : on ne fera point heureux au milieu de fes nouvelles jouiffances , parcequ'on fera vexé . par fes paffions , tant que la communauté des biens & l'égalité des conditions ne leur auront pas impofé filence. Voilà , Monfieur , ce qui me fait douter que toutes les volontés & toutes les forces fe réuniffent pour faire triompher les vérités que nous préfente notre Auteur.

Je veux bien , pour un moment , convenir avec lui que l'*Ordre* (1) *naturel & effentiel des Sociétés , confidéré dans toutes les inftitutions fociales qui réfultent fucceffivement de la néceffité abfolue de maintenir la propriété & la liberté de jouir de fa propriété , eft un enfemble parfait , compofé de différentes parties qui font toutes également néceffaires les unes aux autres.* Qu'on nous vante tant qu'on voudra cette merveilleufe correfpondance de befoins

_____

(1) Chap. 8 , p. 83.

&

& de rapports, qui unit & lie toutes les parties de la Société, & vous verrez, après toutes vos démonstrations, que ces parties si unies & si nécessaires les unes aux autres, continueront à être divisées, tant qu'on ne leur fera pas un sort égal. Puisqu'il y a des riches, il faut bien qu'il y ait des pauvres, ils se font mutuellement nécessaires : cela va le mieux du monde, je le crois ; mais pourquoi voulez vous, je vous prie, que je sois content en me voyant destiné à faire le plat rôle de pauvre, tandis que d'autres, je ne sais pas pourquoi, font le rôle important de riche ?

Cela me rappelle, Monsieur, l'Apologue de Ménénius Agrippa aux Romains qui s'étoient retirés sur le Mont sacré. Il leur conta, comme vous savez, qu'un jour les membres du corps humain, indignés contre l'estomac, qui passoit sa vie dans la plus grande oisiveté, tandis qu'ils étoient dans un mouvement perpétuel pour le servir, prirent le parti de se mutiner contre lui. Les

voilà donc qui ne veulent plus rien
faire ; les pieds refusent d'aller chercher les aliments, & les mains de
les porter à la bouche. Bientôt l'estomac languit faute de nourriture,
& tous les membres, affectés de
cette langueur, s'apperçoivent de
leur sottise, & reprennent gaiment
leurs fonctions ordinaires. Cette belle
parabole ne convertit point les Plébéiens conjurés ; ils ne voulurent pas
consentir à être la partie la moins
noble de la République, & ne pouvant se contenter de l'avantage d'o-
béir servilement au Sénat, il fallut
leur donner des Tribuns, avec lesquels ils espérerent de se faire respecter, & de s'emparer même de la
principale autorité.

Avec toute sa Philosophie, notre
Auteur n'aura pas un succès plus
heureux que le Consul Romain : ce
ne sera pas pour la premiere fois que
la vérité, toute rayonnante de la
lumiere de l'évidence, aura reçu un
affront. Songez que, dans le systême des propriétés foncieres, il y
aura toujours un très grand nombre

d'hommes qui se plaindra de sa condition , & cette multitude a trop
d'affaires & de besoins pour écouter
les raisonnements d'un Philosophe.
Les Citoyens les plus heureux , ceux
qui sont en quelque sorte accablés
des faveurs de la fortune , ont encore des desirs , parcequ'ils ont des
supérieurs & des égaux ; & leur ambition , qui n'est pas satisfaite , ferme
leurs yeux à la vérité. Ce n'est pas
tout , Monsieur , comptez que , dans
tous les Etats , vous trouverez une
classe d'hommes qui profitent des
maux publics , & pour qui la plus
mauvaise administration est la meilleure. Au milieu de tant de passions ,
quel peut être le sort de la vérité ?
Ce n'est point une plaisanterie , elles
résisteront effrontément à l'évidence.
Se flatter qu'on les persuadera , c'est
prouver qu'on ne les connoît pas.
Notre Auteur se trompe certainement , s'il croit que , pour leur imposer silence , *il suffit (1) de les mettre
dans le cas de voir évidemment que c'est*

(1) Chap. 8, p. 83.

*dans l'ordre seulement qu'on peut trou-*
*ver la plus grande somme possible de*
*jouissances & de bonheur.* Parler aux
passions de bien public & de bien
général, c'est leur parler une lan-
gue étrangere.

Permettez-moi de vous le dire,
Monsieur; il me semble que la politique de nos Philosophes Economistes ne portera jamais la conviction
dans l'esprit du Lecteur, parceque
jamais ils ne considerent à la fois
l'homme par les différentes qualités
qui lui sont essentielles. Tantôt ils
ne le voient que comme un animal
qu'il faut repaître, & qui n'est occupé que de sa nourriture ; & alors
toute leur politique se réduit au produit net des terres, au revenu dis-
ponible. La Société est parvenue au
dernier terme de la perfection, si
ses récoltes sont aussi abondantes
qu'elles peuvent l'être : voilà la
source du droit naturel, du droit
public & du droit politique des Nations. Hélas ! Monsieur, vous éta-
bliriez dans un Royaume tous vos
principes d'agriculture & de com-

merce , que je crois très - vrais &
très-excellents, qu'il resteroit encore
bien d'autres causes de malheurs parmi les hommes. La dureté arbitraire
des impôts & la misere du peuple
ont certainement produit des commotions dangereuses dans plusieurs
Etats ; mais, dans ceux mêmes où
chaque Citoyen trouveroit une subsistance aisée & commode , il y auroit encore des troubles & des désordres. Au défaut de l'avarice ,
l'ambition agiteroit les esprits. On
pourroit n'y craindre ni ses Concitoyens ni ses Magistrats ; mais, faute
de ressort & d'émulation, on y pourroit languir dans une foiblesse fatale
à un peuple qui a des voisins.

Nos Philosophes ont ils besoin de
considérer l'homme comme un être
doué d'intelligence ? ce n'est plus
alors un animal vorace qu'on nous
présente ; c'est un Ange qui a le bonheur de ne pouvoir résister à la force
de l'évidence. L'évidence paroit ,
& les passions se taisent respectueu-
sement. Plût au Ciel que cela fût
vrai ! Mais par malheur l'histoire du

genre humain ne réfute que trop complettement ces agréables rêveries.

Pourrois-je vous demander, Monsieur, pourquoi dans tout l'ouvrage de notre Auteur il n'y a pas un seul chapitre sur la nature, la force, les ruses & l'activité des passions? Est-ce qu'elles jouent un si petit rôle dans le monde, qu'il soit permis de les oublier en composant un Livre sur l'ordre naturel & essentiel des Sociétés ? Elles ont fait, pour ainsi dire, violence à la nature ; elles ont établi les propriétés foncieres ; elles ont banni l'egalité ; elles ont fondé & détruit tour à-tour tous les gouvernemens; elles sont l'ame du monde ; elles gouvernent & tyrannisent les hommes dans tous les ordres de la Société ; & cependant si notre Auteur n'avoit eu besoin de leur ministere pour attaquer l'aristocratie, je ne les verrois dans tout son ouvrage que comme des esclaves qui obéissent à l'évidence avec docilité. N'est-ce point, Monsieur, qu'en peignant les passions telles qu'elles

font, il a senti qu'il en seroit embar-
rassé, & qu'elles renverseroient tout
l'édifice qu'il veut élever avec la
baguette magique de l'évidence?

Puisque cette évidence est un Dieu
dans sa machine dont vous disposez
selon votre bon plaisir, & qui doit
servir de dénouement à toutes les
difficultés qu'on vous proposera; il
est nécessaire, avant que de passer
à la seconde partie de l'ordre naturel
des Sociétés, de faire quelques réfléxions sur son caractere & ses
effets. J'ai bien peur, Monsieur,
que cette évidence que tout le monde
croit avoir, & qui est cependant si
rare, ne soit la plûpart du temps
qu'un vain mot. Tous les Philosophes prétendent marcher sous ses
enseignes, & en nous étourdissant
par de grandes promesses & des sophismes, ils se contredisent tous.
Ces sectes, dont nous trouvons aujourd'hui les opinions si ridicules,
se flattoient de posséder l'évidence;
il n'y a point de Collége aujourd'hui
où un Professeur de Philosophie ne
démontre évidemment des choses

très douteufes & quelquefois abfur-
des. L'hiftoire des révolutions arri-
vées dans la Philofophie , nous apprend que la mode étend fon empire
jufques fur les opinions ; comment
donc l'évidence pourroit-elle fervir
de point de ralliement pour concilier tous les efprits ? Vous faites trop
d'honneur aux hommes , ce n'eft
point l'évidence qui les gouverne ;
cet empire qu'elle revendique a été
donné à l'opinion , & jamais Monarque n'a été plus affermi & plus
abfolu qu'elle fur fon trône.

Avec votre permiffion , il n'en eft
pas des vérités morales & politiques
comme des vérités géométriques ;
& notre Auteur a tort de les confondre. Il ne s'éleve aucune difpute fur
les propofitions d'Euclide , tandis
qu'il n'y a rien en morale ni en
politique fur quoi les gens qui ont
l'efprit le plus exercé & le plus de
lumieres ne fe trouvent partagés.
D'où vient cette différence ? C'eft ,
fi je ne me trompe , que les Géo-
métres raifonnent fur des objets fimples ; & qu'ayant néceffairement les

mêmes idées des objets qui les occupent, ils s'entendent toujours : mais les Politiques & les Moralistes méditant sur des questions très compliquées, n'ont pas le même avantage. Leur attention doit se porter à la fois sur dix objets différens, & tous ont cent faces différentes qu'il faut considérer avec la même attention. Delà, la difficulté de s'entendre, parcequ'on n'attache pas les mêmes idées aux mêmes mots qu'on employe. Ajoutez à ces obstacles, qui s'opposent à la découverte de la vérité, cent préjugés, cent intétêts particuliers qui nous trompent sans que nous nous en appercevions. Enfin les passions s'enflamment, & elles ne balancent point à prendre pour l'évidence une opinion qui leur est favorable. Puisqu'il est si difficile d'être sûr qu'on posséde la vérité ; puisque l'opinion ressemble si fort à la vérité ; puisqu'il y a une fausse évidence qu'il est si mal aisé de distinguer de la vraie, comment peut-on se flatter que la force de la vérité subjuguera tous les esprits

C v

& entraînera toutes les volontés?

Je conviens avec notre Auteur que *le doute* (1) *est une situation importune & pénible pour nous* ; mais il n'en faut pas conclure *que par une espece d'instinct nous connoissions, ou du moins nous sentions le besoin que nous avons de l'évidence, & que nos esprits aient une tendance naturelle vers l'évidence.* C'est vers la vérité, ou plutôt vers ce qu'il regarde comme la vérité, que notre esprit se porte par un attrait naturel. Nous ne sommes pas assez difficiles pour ne nous rendre qu'à la vérité & à l'évidence ; nous voulons croire, nous avons besoin de croire ; une opinion passablement raisonnable nous suffit : au défaut d'une opinion vraisemblable, nous en adopterons une ridicule.

*Cette tendance naturelle de nos esprits avec l'évidence est liée, nous dit-on* (2) *, avec les deux mobiles qui sont en nous : l'appétit des plaisirs & l'aver-*

---

(1) Chap. 9, p. 100.
(2) *Ibid.*

*sion de la douleur ont grand intérêt de n'être point trompés dans le choix des moyens de se satisfaire ; voila pour-quoi nous ne pouvons être tranquilles qu'après que nous avons acquis une cer-titude qui ne peut résulter que de l'évi-dence.* Je puis vous assurer, Mon-sieur, & c'est une chose très évi-dente, que les hommes n'ont point cette patience scrupuleuse & philo-sophique sur les moyens de se sa-tisfaire. Ils sont trop pressés d'avoir du plaisir ou d'éviter la douleur, pour attendre une démonstration ; l'espé-rance du plaisir sert de preuve ; & tout est démontré quand on se dé-livre de la douleur ou qu'on goûte du plaisir. Les passions, comme l'a dit un grand Philosophe, ont une maniere particuliere de raisonner ; elles ne chicannent point ce qui leur plaît : il ne faut que les émou-voir pour les faire agir. Elles sont si éloquentes, si vives, si agissantes, qu'elles n'ont pas besoin de l'évi-dence pour convaincre notre raison ou du moins pour la forcer à devenir leur complice. Elles bravent l'évidence même , si elle veut les combattre , & c'est là le triomphe le plus agréable pour elles. Je les comparerois volontiers à ces coquettes orgueilleuses qui ne sont jamais plus contentes d'elles , que quand elles ont réussi à troubler le cœur & déranger la tête d'un homme raisonnable. Heureux qui pourra croire que je me trompe , & que j'attribue aux passions un empire qu'elles n'ont pas. Qui de nous n'a pas éprouvé qu'il porte , pour ainsi dire , en lui-même deux hommes , l'homme intelligent & l'homme sensible ; que l'un est presque toujours la dupe de l'autre , & qu'on finit ordinairement par faire ce qu'on désaprouve ? *L'évidence n'est donc pas une divinité bienfaisante qui se plaît à donner la paix à la terre.* L'opinion , la mode ou la coutume se sont chargées depuis bien des siecles de cet office ; & graces à nos foibles lumieres & à nos fortes passions , elles s'acquitteront encore pendant long-temps de cet emploi.

Je ne puis me dispenser , Monfreur, de vous mettre sous les yeux ce que notre Auteur dit de l'opinion (1). *Lors même qu'elle n'est qu'un préjugé, qu'une erreur, il n'est dans l'ordre moral aucune force comparable à la sienne ; féconde en prestiges de toute espece, elle emprunte pour nous tromper tous les caracteres de la réalité. Source intarrissable de bien & de mal, nous ne voyons que par elle, nous ne voulons, nous n'agissons que d'après elle ; selon qu'elle est ou n'est pas dans le vrai, elle fait les vertus & les vices, les grands hommes & les scélérats ; il n'est aucun danger qui l'arrête, aucune difficulté contre laquelle elle ne s'irrite ; tantôt elle fonde des empires & tantôt elle les détruit. Chaque homme est ainsi sur la terre un petit royaume gouverné despotiquement par l'opinion : il brûlera le temple d'Ephese, si son opinion est de le brûler ; au milieu des flammes il bravera ses ennemis, si son opinion est de les braver : le Physique enfin paroît en nous lui être tellement subordonné, que pour commander au Physique, il*

______

(1) Chap. 9, p. 104.

*faut commencer par commander à l'opinion.*

N'eſt-ce point ſe flatter trop légé-rement que de vouloir terraſſer avec les forces de l'évidence un ennemi ſi redoutable ? Suivez, je vous prie, Monſieur, l'hiſtoire de la décadence des différentes opinions qui ſe ſont ſuccédées les unes aux autres, & jugez ſi elle eſt l'ouvrage de la Philoſophie & de l'évidence, puiſque c'eſt toujours une erreur qui en détruit une autre. A l'égard des opinions nationnales & qui forment le caractere d'un peuple, vous verrez qu'elles ne ſont abandonnées, que quand le Gouvernement lui-même à pris une nouvelle forme, ou du moins ſouffert quelque altération ſenſible. De nouvelles paſſions, ou plutôt des paſſions placées dans de nouvelles circonſtances, ont produit de nouvelles erreurs, & elles ſubſiſteront juſqu'à ce qu'une nouvelle révolution y ſubſtitue d'autres préjugés.

# LETTRE III.

*En supposant à l'évidence une force ir-*
*résistible, toutes les formes de gouver-*
*nement ne sont-elles pas égales ? In-*
*suffisance des moyens de notre Auteur*
*pour établir un despotisme légal. Du*
*gouvernement mixte. Réfutation des*
*raisonnements de notre Auteur, pour*
*prouver que le Despote légal ne doit*
*pas être Juge.*

En lisant la seconde partie de
l'Ordre naturel des Sociétés , je
serois presque tenté de croire, Monsieur, que notre Auteur se défie un
peu du pouvoir de l'évidence. Si
les passions se taisent en sa présence ;
si les préjugés , les opinions, les
erreurs se dissipent & fuient aux
premiers rayons de sa lumiere ,
comme la nuit aux premiers rayons
du soleil , ne seroit-ce pas traiter
des questions oiseuses que de déman-
der quelle doit être la forme du
Gouvernement ? Qu'importe en effet
que la puissance souveraine soit dé-

posée dans les mains d'un Prince, d'un Sénat, de quelques familles privilégiées, ou dans les assemblées générales de la Nation, puisqu'il en résulteroit toujours le même bien ; & que graces aux charmes triomphans de l'évidence, les Adminiſtrateurs de la choſe publique, quels qu'ils fuſſent, agiroient toujours pour ſon plus grand avantage.

Je ne ſais même ſi on ne pourroit pas enfin ſe paſſer d'une puiſſance légiſlative & d'une puiſſance exécutrice. A quoi ſerviroit la premiere, dès que l'évidence nous intimeroit tous les jours les ordres la vérité ? A quoi ſerviroit la ſeconde, dès qu'il ſeroit impoſſible aux Citoyens de déſobéir ? Ce n'eſt point une plaiſanterie ; perſonne, ſous le regne de l'évidence, ne pouvant manquer à ſon devoir, il eſt fort inutile de rechercher ce qu'il faudra faire, quand on ſera parvenu à cet heureux temps. L'unique ſoin qui doit occuper un Philoſophe convaincu intimement du pouvoir irréſiſtible de l'évidence, c'eſt de nous montrer la route qui peut nous y conduire, de l'applanir, de l'élargir, de nous encourager, de faciliter nos progrès; & bien loin de n'entrer dans *aucun* (1) *détail des établiss-ments nécessa.r.s à l'inftruction*, notre Auteur auroit dû fe borner à nous communiquer fes lumieres fur les Ecoles publiques qu'il eft à propos d'établir, fur les *Liv.es doctrinaux* que tous les Philofophes doivent fe hâter de compofer, & fur les difputes favantes & lumineufes qui en réfulteront.

Quoi qu'il en foit, il eft perfuadé que l'évidence, fans laquelle le gouvernement ne fait qu'aller d'erreur en erreur, a elle-même befoin d'un gouvernement pour être foutenue dans toute fa dignité; & le gouvernement qu'on demande, c'eft le defpotifme légal, c'eft-à-dire, un defpotifme foumis aux Loix que l'évidence elle-même dictera au Defpote. Je vous avouerai d'abord, Monfieur, que j'ai de la peine à comprendre ce que c'eft qu'un pareil

_______________

(1) Chap. 8, p. 91.

Despote, & plus encore où l'on trouvera ce personnage privilégié. Mais, sans nous arrêter actuellement à cette bagatelle, voudriez-vous bien me dire par quelle raison une Aristocratie & une Démocratie, que j'appellerois aussi légales, ne peuvent pas être également soumises aux loix de l'évidence ? Pourquoi l'évidence ne seroit elle pas en sûreté sous ces deux dernieres formes de gouvernement ? Si elle ne produit pas infailliblement & nécessairement son effet sur un Sénat ou sur l'Assemblée de la Nation, pourquoi sera-t-elle plus heureuse avec un Despote ? Votre Despote est homme ; & parceque vous avez réuni toutes les forces de l'Etat dans sa main, & que sa volonté soumet, entraîne & subjugue tout ce qui lui résiste, en sera t il moins soumis à l'erreur ? Notre Auteur sent l'embarras dans lequel il s'est jetté ; &, pour en sortir, il fait plusieurs raisonnements qui sans doute ne sont point évidents, puisqu'ils ne portent pas la conviction dans l'esprit des Lecteurs.

*La premiere condition requise pour instituer de bonnes Loix positives, des Loix dont l'autorité soit inébranlable, c'est,* nous dit-on (1), *leur conformité parfaite & évidente avec les Loix naturelles & essentielles des Sociétés. Cette regle invariable est le premier principe de toute législation : certainement une Loi qui autoriseroit des infractions arbitraires aux Loix essentielles de l'ordre, ne seroit pas propre à maintenir l'ordre; & dès-lors il seroit impossible qu'on pût être constamment assuré de l'observation de cette Loi.* Ce n'est certainement pas une vérité nouvelle que les Loix positives ne doivent être que le développement des Loix naturelles, & ne servir qu'à en faire l'application aux différentes circonstances dans lesquelles les hommes se trouvent successivement. Mais il ne suffit pas de nous recommander de faire des Loix justes ; jamais précepte n'a été à la fois plus connu & plus négligé. Si notre Auteur a commencé par

_______

(1) Chap. 11 , p. 126.

s'écarter lui-même des vues impartiales de la Nature sur le genre humain, en établissant pour principes de la Société la propriété fonciere & l'inégalité des conditions, comment sera-t-il possible d'élever un édifice régulier sur des fondements qui ne le sont pas ? Je ne vous répéterai point, Monsieur, ce que j'ai eu l'honneur de vous dire dans ma premiere Lettre ; mais je puis vous prédire, sans crainte de me tromper, que les Loix injustes se multiplieront toujours dans un Etat, à raison de la plus grande ou de la moins grande inégalité qu'il y aura entre les fortunes des Citoyens. Le passé m'instruit de l'avenir. Voyons par quels moyens on prétend s'opposer aux malheurs que je crains.

Notre Auteur s'est apperçu que les propriétés foncieres ont, pour ainsi dire, fait un cahos de la Société ; & que dans cette complication énorme de ressorts qui la font mouvoir, les loix simples de la nature ne peuvent plus nous suffire.

*Les conséquences qu'on en tire, font,
dit-il* (1) *, si multipliées, & elles em-
brassent tant d'objets, qu'il n'est pas
possible à la majeure partie des hommes
d'avoir une connoissance explicite &
évidente de la raison de toutes les loix
positives & des changemens que les
circonstances des temps peuvent exiger.*
Cette réflexion, si propre à faire
douter du pouvoir de l'évidence,
devoit faire craindre à notre Auteur
que son despotisme légal ne dégé-
nérât nécessairement en despotisme
arbitraire ; mais il ne craint rien, &
pour dissiper nos allarmes, il prend
le parti de partager les Citoyens
en deux classes. Les uns sont susceptibles
tibles de l'évidence, & par conséquent ils ne peuvent faire que du
bien ; mais pour que le désordre ne
naisse pas de l'ignorance des autres,
on leur donne, au lieu d'évidence,
une certaine foi, *une certitude établie
sur l'évidence qui se trouve dans la
classe des gens instruits.* Après cette
premiere disposition, tout s'arrange,

---

(1) Chap. 12, p. 135.

se met & se tient à sa place le plus
aisément du monde. On prend les
Magistrats dans la classe susceptible
de l'évidence, & on les constitue
*les dépositaires, les gardiens & les or-*
*ganes des Loix. Ils deviennent en quel-*
*que sorte des loix vivantes ; ils s'iden-*
*tifient, pour ainsi dire, avec les loix ;*
*elles habitent en eux, elles vivent &*
*pensent en eux.* D'un côté, ces Magistrats vigilans défendent & proté-
gent la justice & les loix contre les
surprises qui pourroient être faites
à la puissance législative ; & de l'autre par leur silence ou leur appro-
bation, ils donnent à la classe ignorante des Citoyens la certitude que
les loix qu'on lui impose sont évidemment justes : voilà enfin ce que
c'est que le despotisme légal qui n'o-
béira qu'à la justice & à l'évidence.

Mais de bonne foi, Monsieur,
croyez-vous que tout cela s'arrange
aussi aisément dans un état que dans
un livre ? Notre Auteur nous dit à
merveille (2) que *les Magistrats sont*

---

(1) Chap. 13, p. 147.

chargés de la défense des loix ; que *l'évidence de la raison primitive des loix positives,* c'est-à-dire, *de leur rapport avec les loix naturelles, est un dépôt dans leurs mains, dont ils doivent compte à la puissance législative, à la Nation, à Dieu même dont cette évidence nous manifeste les volontés suprêmes.* On ajoute que *devant parler pour les loix & comme les loix dans tous les cas où les loix ont à parler, il faut donc qu'ils soient tenus de prendre toujours la défense des loix* Voilà certainement de beaux titres & d'augustes fonctions ; mais quels moyens donnez-vous à vos Magistrats pour qu'ils puissent remplir vos espérances & leurs devoirs ? Je crois qu'à la Chine tout cela ne coûte rien : la nature, selon les Economistes, s'est plû à pêtrir dans ces heureux climats une race de sages : mais ils ne sont pas si communs ailleurs. Si dans un pays où l'évidence est connue, la puissance législative peut être surprise, pourquoi les Magistrats ne le seront ils jamais ? Si le Despote peut trahir ses devoirs ou ses inté-

rêts, pourquoi les Magistrats seront-
ils fidellement attachés aux leurs ?
Remarquez, je vous prie, Monsieur, que vous ne pouvez pas me
répondre qu'une longue suite de
Tribunaux subordonnés les uns aux
autres, & de mandarins lettrés qui
ont subi des examens rigoureux,
obtenu des grades sans faveur, &
qui sont toujours prêts à reclamer
les droits de la justice, ne se trom-
peront jamais ; car je vous demanderois alors pour quelle raison vous
ne placez pas plutôt la puissance
légiflative dans ce corps infaillible,
que dans un Despote que vous avouez
être capable de se laisser surprendre
par ses passions ou par celles de ses
Ministres. Il auroit été plus court
de donner l'infaillibilité à votre
Despote ; mais alors des Magistrats
gardiens, dépositaires & défenseurs
des loix auroient été hors d'œuvre
dans votre politique ; & soit que
vous n'ayez pas pû imaginer un
Despote plus sage que l'Empereur
de la Chine, soit que vous n'ayez
pas voulu que son Empire, que vous

avez

avez pris fous votre protection fpé-
ciale, eût tant de milliers de Mandarins inutiles à la confervation de
la juftice & des loix, vous avez
permis au Defpote de fe tromper,
pour donner quelque chofe à faire
aux Magiftrats.

Si notre Auteur trouve l'ariftocratie fi dangereufe, pourquoi ne fup-
poferai-je pas que fes Magiftrats,
par quelque épreuve qu'ils aient
paffé, peuvent fe tromper & être
féduits & corrompus ? Vous m'allez
répondre que l'évidence les met à
couvert de toute furprife, & que le
jugement d'un public éclairé les retient ; mais j'infifte, & je demande
encore par quelle raifon cette évidence, qui eft un talifman magique
pour vos Magiftrats, n'en eft pas un
pour votre Defpote. Pourquoi le
Prince n'aura-t-il pas autant de ref-
pect que les Magiftrats pour les fentiments du public ? Prenez garde,
Monfieur ; fi vous me donnez une
raifon folide de cette différence, je
m'en fervirai pour vous prouver que
vous devez donner la fouveraineté

D

aux Magiſtrats. Mais abandonnons cette objection, & je vous prie ſeulement de m'expliquer comment votre Deſpote, dont la volonté entraîne, ſubjugue & ſoumet toutes les volontés, ne ſoumettra pas à ſes ordres les Magiſtrats, ou du moins ne les forcera pas de ſe taire. Vous lui donnez préciſément la même puiſſance que vous attribuez à l'évidence ; en ce cas je gage pour lui, car il parlera aux paſſions, & l'évidence ne parlera qu'à la froide raiſon. Jugez à quels déſordres vous expoſez votre Empire, en mettant en oppoſition les forces du Deſpote & celles de l'évidence ; il doit en réſulter en peu de temps des murmures, des défiances réciproques, peut être des émeutes & des guerres civiles, & ſûrement la confuſion de toutes les Loix, & l'établiſſement du deſpotiſme arbitraire.

Ma crainte ne me paroît pas mal fondée ; car vous rendez la Couronne héréditaire ; &, ſans bleſſer les regles de la vraiſemblance, je puis ſuppoſer que, dans cette lon-

gue suite de Princes qui se succéde-
ront , tous n'auront pas au même
degré les qualités du cœur & de l'esprit. Tant que votre Despote ne se
trompera que par méprise , & en
conservant l'amour de la vérité , les
Mandarins pourront faire leur devoir , & l'évidence produira son
effet ; mais, si son successeur est emporté par une passion qui l'empêche
de voir que son intérêt essentiel est
de se conformer à la justice , & qu'il
soit d'un caractere emporté , opi-
niâtre & téméraire , que feront alors
vos Tribunaux ? Je sais ce qu'on raconte de la Chine dans un pareil cas:
l'Empereur crut qu'en faisant mourir
les premiers Mandarins qui lui firent
des remontrances , il répandroit une
terreur muette sur les autres ; il se
trompa : de nouvelles victimes se
présenterent ; à celles-ci, qui furent
encore immolées, il en succéda d'autres , & enfin on lassa l'opiniâtreté
& la cruauté de l'Empereur. Mais,
Monsieur, ce courage des Mandarins
tenoit peut - être à quelques circonstances particulieres & passageres

qu'on ne rencontre pas tous les jours, qu'on ne peut fixer, & qui par conséquent ne serviront jamais de base à un Gouvernement. D'ailleurs est il d'une bonne politique de compter sur ce dévouement généreux ? Se présentera-t-il toujours une foule de Héros pour résister à un mauvais Prince ? Au lieu d'exiger des miracles, le plus grand art de la politique est de rendre tous les devoirs faciles ; elle ne doit imposer à la foiblesse des hommes que des fardeaux qu'ils puissent porter. Si l'Empire de l'évidence expose ses Sujets au martyre, s'il faut en soutenir les droits aux dépens de sa vie, soyez sûr que les Mandarins, malgré leurs belles connoissances, leurs examens & leurs grades, se feront des principes plus humains ; ils s'accoutumeront à ne voir, dans des Loix évidemment injustes, que quelques légeres irrégularités ; ils douteront au milieu de l'évidence, ou feindront de douter pour n'avoir pas la peine de faire des actions trop héroïques : en un mot, la politique éprouvera qu'il est

plus facile & plus sûr de ne pas exposer les hommes à la tentation, que
d'exiger qu'ils la surmontent.

Si les Magiſtrats de notre Auteur
ont tant de peine à défendre les Loix
contre les ſurpriſes faites à la puiſſance légiſlative, comment rempli-
ront-ils leur autre devoir, qui eſt de
donner à la claſſe ignorante des Citoyens la certitude que les Loix
qu'on lui impoſe ſont juſtes ? Ces
Citoyens, quoique privés des lumieres de l'évidence, ont cependant
le ſens commun ; en voyant la ma-
jeſté du Prince & la pompe de ſa
puiſſance, ils ſentiront les difficultés
qui s'oppoſent à ce que les Tribunaux & les Mandarins s'acquittent
de leur devoir. Moins ils ſont capables de juger des forces de l'évidence
ſur ceux qui en ſont frappés, plus
ils doivent être inquiets ſur leur ſort.
Ces hommes qui occupent la derniere place dans l'Etat, qui ſont, ſi
je puis parler ainſi, les bardeaux de
la Société, ne ſont pas prévenus en
faveur d'un Gouvernement qui néglige leur bonheur ; ils ont leurs paſ-

fions, leurs maximes, leurs préjugés particuliers qui leur feront regarder comme injuftes toutes les
Loix qui les bleffent, ou dont ils
n'ont pas l'efprit de connoître la juftice. Dans cette fituation, pourriez-
vous m'apprendre d'où naîtra cette
certitude que vous demandez dans
la claffe ignorante des Citoyens ? Je
vous avertis, Monfieur, que c'eft
d'une véritable certitude que je
parle ; car notre Auteur nous avertit
qu'il ne faut point confondre la certitude (1) *avec la confiance qui ne feroit que l'effet d'une prévention. La prévention*, ajoute-t-il, *n'a rien de folide ; elle ne porte fur rien d'évident ;
une autre prévention oppofée peut même
la détruire, & faire évanouir la confiance qui en étoit le produit.*

Je n'infifterai pas davantage fur
les obligations des Tribunaux, & les
fecours qu'on en peut attendre pour
empêcher que le defpotifme légal ne
devienne arbitraire ; il femble que
notre Auteur ait prévu toutes les

---

(1) Chap. 12, p. 134.

objections qu'on peut lui oppoſer, & qu'il ſe défie un peu de ſes Magiſtrats, puiſqu'il cherche lui même un nouvel appui aux Loix contre les erreurs de la puiſſance légiſlative. *Il ne faut pas croire*, dit-il (1), *que les titres de dépoſitaires & de gardiens des loix n'appartiennent qu'aux Magiſtrats excluſivement; le premier, le vrai dépoſitaire & gardien général des loix, c'eſt la Nation elle-même, à la tête de laquelle eſt le Souverain. Rigoureuſement parlant, le dépôt & la garde des loix ne peuvent appartenir qu'à ceux qui ſont armés de la ſupériorité de la force physique pour procurer à ce dépôt la ſûreté dont il a beſoin eſſentiellement. Cela poſé, c'eſt la Nation en corps qui eſt naturellement & néceſſairement dépoſitaire & gardienne de ſes propres loix; parcequ'il n'eſt point dans la Nation de force physique égale à celle qui réſulte de la réunion des ſiennes. Mais, comme cette force nationnale n'agit que d'après la volonté du Chef qui la commande: on peut dire, dans un autre ſens, que*

_______________

(1) Chap. 13, p. 152.

*c'eft au Souverain que le dépôt & la garde des loix doivent appartenir.*

Mais je vous demande, Monfieur, ce qu'en vertu de ce raifonnement devient votre defpotifme légal ; c'étoit bien la peine de créer tant de Tribunaux & de Magiftrats. J'ai lu & relu plufieurs fois ce paffage que je viens de mettre fous vos yeux, & je craignois toujours de me tromper. Quoi ! me difois-je, il eft queftion de trouver un gardien, un dépofitaire, un protecteur des Loix contre les entreprifes, la foibleffe ou la mauvaife volonté d'un Defpote qu'on reconnoît fujet à l'erreur; & après de longs circuits, on en revient à me dire que c'eft ce Defpote lui même qui doit garder, défendre & protéger les Loix. Il n'eft pas permis de fe moquer à ce point de fes Lecteurs ; & ne craignez-vous point, Monfieur, que, dans un moment d'humeur, la patience ne leur échappe, & qu'ils ne fe vengent ? Pourquoi tout cet échaffaudage de raifonnements pour ne point élever un édifice ? Voilà donc le defpotifme arbi-

traïre substitué au despotisme légal.
Notre Auteur se seroit épargné beaucoup de peine, de même qu'à ses
Lecteurs, si se confiant toujours à
la force irréfistible de son évidence,
il s'étoit borné à dire *qu'il est physi-*
*quement & socialement impossible que*
*la sûreté des loix ait un autre principe*
*que l'évidence de leur justice & de leur*
*nécessité, parcequ'il n'y a que cette évi-*
*dence qui puisse réunir au soutien des*
*loix toutes les opinions, toutes les vo-*
*lontés & toutes les forces.*

Puisque notre Auteur, pour sortir
d'embarras, en revient à la force de
l'évidence, il faudroit que j'en re-
vinsse à mon tour à la force supérieure des passions. Mais je veux
vous épargner la peine d'une répéti-
tion, & je me borne à vous prier,
Monsieur, de vous rappeller ce que
j'ai déja eu l'honneur de vous dire à
ce sujet. Si ce qu'on rapporte de la
Chine est vrai, que le cri de la Nation y a toujours forcé le despotisme
à se soumettre aux regles de la plus
exacte justice, il faut que ses Empereurs, qui ont été méchans, n'aient

été que des furieux ou des imbécilles
qui n'avoient aucune pudeur ni aucun artifice. Je conçois très-bien que
si un Prince attaquoit à la fois, brufquement & sans ménagement, les
préjugés, les mœurs, les coutumes
& les intérêts de tous ses Sujets, il
seroit obligé de renoncer à son entreprise; parceque révoltant à la fois
tous les esprits, il se trouveroit réduit à ses forces-personnelles qui ne
font rien. Mais ce n'est pas contre
des accidents chimériques que la politique doit se précautionner ; c'est
à une autre sorte d'abus qu'elle veut
remédier. Elle craint moins un monf-
tre féroce, ou incapable de ménagement, qu'un Despote adroit qui
fait & emploie l'art facile de se servir
de sa puissance pour séduire & corrompre, qui essaye ses forces avant
que de les employer, & qui, ébran-
lant les Loix avant que de les attaquer, rend l'évidence douteuse, &
la distrait plutôt qu'il ne la force à
se taire. Peut-on se persuader qu'un
Prince tout-puissant puisse échouer
quand il aura l'adresse d'intéresser

les paffions de fes Sujets au fuccès
des fiennes.

Vous voyez, Monfieur, à quels
dangers eft alors expofé votre déf-
potifme légal. Qui fera valoir alors
les droits de l'évidence, & que deviendront vos Magiftrats ? Dès
qu'une fois les loix feront entamées
dans une partie, foyez fûr que leur
ruine entiere eft certaine : les hommes feroient trop heureux fi une
premiere injuftice ne les forçoit pas
d'en commettre une feconde. Un
Prince ne viole jamais quelque regle
de l'adminiftration générale, fans
que plufieurs Citoyens n'y trouvent
leur avantage ; ce premier fuccès lui
donne le courage de tenter une
feconde entreprife, & une nouvelle
claffe de Citoyens a des motifs d'être
injufte & de favorifer cette nouvelle
injuftice. Malgré fes anciens principes ou fes anciennes habitudes,
une Nation peu-à-peu divifée &
découragée n'aura plus affez de
vigueur pour parler hautement en
faveur de fes loix, & elle gardera
enfin le filence. Mœurs, génie,

caractere , lumieres , loix , vertus ,
tout souffre nécessairement des révolutions dans un gouvernement qui
n'a pas pris les mesures les plus efficaces pour les perpétuer ou les repro-
duire journellement.

Je l'avois bien prévu, Monsieur,
que dès que notre Auteur avoit
pris pour fondement de sa politique
la propriété fonciere, & qu'il refu-
soit d'approfondir la nature de nos
passions ; il ne parviendroit jamais
à nous faire connoître l'ordre naturel des Sociétés ni à former un
gouvernement qui eût quelque so-
lidité. Les éloges que quelques Ecrivains ont donnés aux Chinois &
l'excellente culture de leurs terres,
l'ont séduit en faveur du despotisme ;
& pour le rendre légal, il a fallu
recourir à cent subtilités & à cent
sophismes. Sans doute que l'erreur
arrangée en systême acquiert sur
les plus grands génies le même
empire que la vérité, puisque notre
Auteur qui cherchoit des gardiens
& des protecteurs aux loix , ne s'est
pas apperçu qu'il ne les trouveroit

que dans un gouvernement tempéré.
Au lieu de préfenter les loix fou-
mifes au Defpote, que n'offroit-il
le tableau d'un Prince foumis aux
loix. Que n'examinoit-il les refforts
du gouvernement mixte & les
refforts du cœur humain ; que ne
comparoit-il leurs rapports & leur
action ; & fans doute il auroit vu
avec les Politiques les plus profonds
que ce n'eft qu'à la faveur d'une
adminiftration tempérée que toutes
les claffes de Citoyens réunies dans
un même centre , apprennent à
n'avoir qu'un intérêt commun , parviennent à connoître la vérité par
le fecours de la difcuffion , & fentent
toutes combien il leur importe d'affermir l'empire des loix. Remarquez,
je vous prie , Monfieur , qu'alors
tous les ordres de la Société fe balancent , s'impofent , fe tiennent en
équilibre ; le peuple, les grands, le
Prince, perfonne ne peut avoir une
affez grande autorité pour faire des
loix partiales ; & c'eft alors que la
Nation qui s'eft rapprochée , autant
qu'il eft poffible aujourd'hui , de

l'égalité naturelle aux hommes, est véritablement la dépositaire & la protectrice de ses loix.

Je m'attends à des objections ; vous me ferez sans doute la peinture de tous les malheurs auxquels les gouvernemens mixtes ont été exposés, & je conviendrai de la réalité de ces maux. Pourquoi ferions nous parfaitement heureux sous cette forme de gouvernement, puisque ne remédiant qu'en partie aux abus attachés à l'inégalité des fortunes & des conditions ; elle ne nous rapproche que très imparfaitement de l'égalité à laquelle la nature nous appelloit ? Si notre avarice, notre vanité & notre ambition sont des obstacles insurmontables à un bien parfait, subissons sans murmurer la peine que nous méritons. Mais, Monsieur, permettez-moi de vous le demander, ces gouvernemens mixtes dont vous releverez les inconvéniens, étoient-ils aussi sages qu'ils pouvoient l'être ? Le partage ou l'équilibre des pouvoirs étoit-il établi sur de justes

proportions ? Un ordre n'avoit-il pas
plus de moyens & d'espérance que
les autres d'accroître son crédit &
d'aspirer à la tyrannie ? Si ces Gouvernemens ont souffert enfin une
révolution totale, vous verrez, en
remontant aux causes qui l'ont pro-
duite, qu'on n'avoit pas employé les
mesures les plus efficaces pour contenir les passions, ou pour empêcher
que des événemens extraordinaires
& imprévus ne détruisissent le bon
ordre. Parceque les Spartiates & les
Romains ont eû quelques vices,
leur constitution étoit-elle moins
sage que celle des autres peuples,
& leurs Républiques n'ont-elles pas
produit les meilleures Loix qui aient
été connues chez les hommes ? Les
Spartiates étoient d'une extrême
dureté envers leurs esclaves ; mais
ils n'en connoissoient pas moins entr'eux les droits & les devoirs de
l'humanité. Leur Gouvernement
mixte a subsisté pendant plus de six
cents ans sans souffrir aucune altération ; quel Gouvernement simple
peut se vanter de la même perpé-

tuité ? Les Romains ont été Con-
quérans, & ont trouvé leur ruine
dans leurs conquêtes ; mais ce vice
n'étoit point attaché à la nature
de leur Gouvernement ; n'eſt-ce pas
au contraire parcequ'ils avoient une
excellente conſtitution, qu'ils ſont
parvenus à triompher de tous les
obſtacles que devoit rencontrer leur
entrepriſe laborieuſe ? Tout cela dé-
manderoit un long examen, mais
trop étranger, Monſieur, aux doutes que j'ai à vous propoſer, pour
m'y arrêter.

Il me reſte encore quelques difficultés au ſujet de vos Magiſtrats,
& j'ai beſoin de vos lumieres. J'entends très bien que l'ordre ſocial
ne permet pas que la puiſſance légiſlative & l'adminiſtration de la
juſtice ſoient réunies dans la même
perſonne, cette vérité n'eſt pas nouvelle pour moi ; mais ce que je ne
comprends pas bien, ce ſont les
raiſons que notre Auteur apporte
pour prouver cette vérité.

Il prétend que la forme eſſentielle
des Loix ne ſeroit pas obſervée, ſi

la puissance législative vouloit se charger des fonctions de la Magistrature. Pour se faire entendre, il ajoute ( 1 ) que *le Légiflateur & le Magiftrat n'étant plus ainfi qu'une feule & même perfonne, il en réfulteroit que d'un côté le pouvoir d'inftituer des Loix ne trouveroit dans les lumieres & dans les devoirs du Magiftrat aucune reffource contre les furprifes qui pourroient être faites au Légiflateur.* Nous venons de voir que le mal ne seroit pas grand ; poursuivons. *D'un autre côté la volonté du Légiflateur ne pouvant dominer, enchaîner, affujettir celle du Magiftrat, les loix les plus juftes dans leurs difpofitions fe trouveroient incertaines & variables dans leur application.* Ceci a besoin d'un Commentaire, aussi notre Auteur prend-il le parti *de préfenter dans d'autres termes ces vérités pour les rendre plus fimples & plus frappantes.*

*Si le Légiflateur*, dit-il, *étoit auffi Magiftrat, il ne pourroit que couronner*

---

(1) Chap. 12, p. 138.

*& confommer comme Magiftrat toutes les méprifes qui lui feroient échappées comme Légiflateur.* Qu'importe qu'il les confomme lui-même comme Magiftrat, ou qu'il les faffe confommer par des Magiftrats dont il domine, entraine & affujettit les volontés ; car je n'imagine pas qu'il foit de l'ordre effentiel de votre Defpotifme légal, que le Magiftrat puiffe interpréter les loix, les modifier, & ne pas s'y foumettre fcrupuleufement : ce feroit ouvrir la porte aux plus grands abus, changer les Magiftrats en Defpotes, & jetter les Citoyens dans une défiance funefte au repos de la Société. *Si le Magiftrat*, ajoute-t-on, *étoit auffi Légiflateur, les loix n'exiftant que par fa feule volonté, il ne feroit point affujetti à les confulter pour juger, & il pourroit toujours ordonner comme Légiflateur ce qu'il auroit à décider comme Magiftrat.* Ah ! Monfieur, que votre Defpotifme légal eft arbitraire ! Quelle Doctrine ! Qui a jamais entendu dire que la puiffance légiflative n'eft pas fou-

mife à fes propres loix, tant qu'elle
ne les a pas révoquées par une loi
contraire & publiée fuivant les formes en ufage pour la publication
des loix ? Qui a jamais entendu dire
qu'une loi foit détruite par une volonté momentanée & relative à un
objet particulier ? Qui a jamais entendu dire que les loix aient un
effet rétroactif, & qu'on puiffe juger par une loi faite aujourd'hui
des actions faites hier ? Si vous
foupçonnez votre Defpote légal
d'ignorer ces maximes triviales qui
font connues du dernier Jurifcon-
fulte, pourquoi lui donnez-vous le
tître de dépofitaire, de premier
gardien & de premier protecteur des
loix qu'il a faites ?

Je ne finirois point, Monfieur,
fi je voulois m'arrêter fur tous les
endroits de ce douzieme chapitre
que j'ai de la peine à entendre ;
mais je pafferai plufieurs chofes pour
ne pas abufer de votre patience.
*Quand le pouvoir légiflatif*, dit
notre Auteur, *& la Magiftrature font*
*féparés, comme ils doivent l'être, les*

*loix une fois établies par la puissance
législative , ont une autorité qui leur
est propre & qui leur donnant le droit
de commander aux volontés du Magiftrat , leur affure une entiere indépendance de toutes les autres volontés.*
Mais quand le Souverain feroit
Juge , je ne vois pas pourquoi les
loix perdroient l'autorité qui leur
eft propre ; car le fens commun
prefcriroit à votre Defpote d'obéir
en qualité de Juge , aux loix qu'il
auroit faites en qualité de Légiflateur. Ce n'eft pas par leur nature
que ces deux qualités font incom-
patibles , au contraire perfonne ne
feroit plus propre à juger felon
l'efprit des loix, que le Légiflateur
qui les a faites ; mais c'eft qu'étant
très foibles & nos paffions très capables de nous égarer , il feroit très
dangereux d'unir la puiffance légiflative & la Magiftrature dans la
même perfonne. Le Magiftrat qui
ne feroit plus foumis à l'examen ,
à la vigilance & à la correction de
la puiffance légiflative , pourroit
juger fans obéir aux loix , & la So-

ciété ainfi foumife à l'autorité la plus arbitraire feroit auffi malheureufe que fi en effet elle n'avoit point de loix. Si votre Defpote étoit un homme fans paffions, je ne trouverois aucun inconvénient à l'établir Juge; mais fi vous convenez que fes paffions peuvent le tromper quand il fera les fonctions de Juge, pourquoi ne l'égareront-elles pas quand il fera celles de Légiflateur.

*Nous verrons dans les Chapitres fuivans*, continue notre Auteur, *que le pouvoir légiflatif eft inféparable de la puiffance exécutrice; & que cette puiffance, qui par effence eft indivifible, ne peut être exercée que par un feul. Cette vérité eft un des plus puiffans argumens qu'on puiffe employer pour démontrer l'impoffibilité fociale dont il eft que le Légiflateur puiffe remplir les fonctions du Magiftrat.* Ici je me perds, je veux bien confentir pour un moment que la puiffance légiflative & la puiffance exécutrice doivent toujours être unies; mais pourquoi conclure de ce principe que la puiffance légiflative doit être féparée de la

Magistrature ? La Magistrature elle-même n'est-elle pas une portion de la puissance exécutrice ? Les Magistrats n'ont-ils pas été établis pour faire exécuter les loix tant civiles que criminelles que les Citoyens pourroient violer ? Ne sont ils pas les instrumens dont la puissance législative se sert pour maintenir les loix en vigueur ? Permettez-moi de vous dire, Monsieur, que ce sont-là les premiers élémens de la politique.

Mais il faut entendre cet argument puissant qu'on nous promet. *Dès qu'il ne doit exister qu'un Législateur unique, qu'un dépositaire unique de toute l'autorité, c'est sa volonté unique qui doit ordonner & dicter les loix. Ceux qu'il appelle à ses délibérations ne peuvent avoir qu'une voix consultative. Si elle étoit délibérative, l'autorité seroit acquise à l'avis le plus nombreux, & dès lors ce ne seroit plus un seul qui seroit le Souverain ; la souveraineté résideroit véritablement dans le plus grand nombre des voix qui se trouveroient réunies sur un même objet.*

*Mais puisque dans tous les cas où la volonté du Souverain doit prononcer, aucun des opinants ne peut avoir voix délibérative, il est évident que s'il vouloit exercer les fonctions du Magistrat, tous les jugemens qu'il rendroit émaneroient de sa seule & unique volonté ; il jugeroit seul enfin, & par cette raison il s'imposeroit l'obligation rigoureuse de ne jamais se tromper, obligation bien reconnue pour être au-dessus des forces de l'humanité.*

Quelle étrange confusion d'idées ! Quel étrange abus des mots ! Le Légiflateur doit être unique, c'est-à-dire, qu'il ne peut y avoir dans un Etat deux puiffances légiflatives ; car on ne fauroit à laquelle entendre, & quoi qu'on fît, lorfqu'elles feroient divifées, on fe trouveroit toujours dans le cas de fubir un châtiment. Cette puiffance légiflative doit réfider dans un feul homme ; voilà ce que la moitié de l'Europe vous conteftera. Si les Confeillers que le Légiflateur appelle auprès de lui, ont voix délibérative, l'autorité légiflative ne réfidera plus

dans une feule perfonne ; d'accord ,
mais il n'en réfultera pas deux
puiffances légiflatives , & les Sujets
au contraire feront plus difpofés à
refpecter les loix. Je confens pour
un inftant que l'ordre exige que les
Miniftres de votre Defpote n'aient
que voix confultative quand il fera
queftion dans le Confeil de faire
une loi ; s'enfuivroit il delà que
lorfqu'il préfideroit une Cour de
Juftice , fes Confeillers ne puffent
avoir voix délibérative ? Votre
Defpote eft-il tellement Légiflateur,
qu'il ne puiffe fe féparer pour un
moment de fa puiffance légiflative ?
Sera-t-il Légiflateur dans toutes les
occafions de fa vie ? Pourquoi lui
rendez-vous fa condition fi dure ?
J'ai de la peine à deviner quel avantage vous vous en promettez. Plus
votre Defpote ne fera qu'homme
dans le cours ordinaire de la vie ,
plus il fera difpofé à écouter la
voix de l'évidence quand il fera
Légiflateur. Il ne faut pas faire ,
je crois , un grand effort d'efprit
pour concevoir que fa dignité de
Souverain

Souverain ne sera point compromise, lorsque descendant à faire les fonctions de Juge, il permettra à ses assesseurs d'avoir voix délibérative, pour ne se pas imposer l'obligation rigoureuse de ne jamais se tromper.

# LETTRE IV.

*Examen du Despotisme de la Chine. Doutes sur l'Histoire de cet Empire, ou sur la perpétuité de ses Mœurs, de ses Loix & de son Gouvernement.*

C'EST ne point faire une digression étrangere aux matieres que nous traitons, Monsieur, si je m'arrête à vous proposer ici quelques doutes sur les Chinois. Il me semble que l'Auteur de l'*Ordre naturel des Sociétés* a puisé toutes les idées de sa politique dans leur Gouvernement. Entendant parler d'un Empire qui regorge d'habitants, & où il n'y a pas un pouce de terre qui ne soit cultivé, tant de

prospérité l'a prévenu en faveur de
ses Loix. On ne trouve chez les autres peuples que quelques moments
de sagesse ; leur Histoire n'est que le
récit des malheurs & des révolutions
qu'ils ont éprouvés : à la Chine, au
contraire, tout reste depuis quatre
mille ans dans une perpétuelle im-
mobilité. Un Gouvernement qui produit de pareils effets, est sans doute
de tous les Gouvernements le plus
sage ; il a sans doute atteint au but
que la Nature nous propose ; & on
est parti de ce raisonnement pour
imaginer un despotisme légal.

C'est pour préparer à la lecture
de *l'Ordre naturel des Sociétés*, que
vous avez inséré dans votre Journal (1) un morceau sur *le Despotisme
de la Chine*. Il est doux, quand on
écrit en politique, de ne pas s'en
tenir à des raisonnements métaphy-
siques ; les faits font une impression
bien plus profonde sur notre esprit :
mais je crains que vous ne retiriez

(1) Ephémérides du Citoyen, T. 5, 4, 5
& 6 de l'an 1767.

pas des Chinois tous les avantages
que vous vous êtes promis ; leur
Hiſtoire eſt trop merveilleuſe pour
qu'on y donne une entiere croyance.
Soit que les Miſſionnaires uſent du
privilége commun aux voyageurs,
ſoit qu'ils ne ſoient pas propres à
démêler avec exactitude les reſſorts
qui font mouvoir la Société, il eſt
certain que leurs récits ſont pleins
de contradictions, & chargés de
choſes incroyables. Je demanderai
toujours pourquoi l'Hiſtoire de tous
les pays du monde n'offre rien qui
ne puiſſe s'expliquer aiſément, tandis que celle de la Chine ne préſente
que des événements dont on ne peut
découvrir les cauſes, & qui paroiſ-
ſent contrarier la nature du cœur
humain.

Vous me direz peut-être, Monſieur, que n'ayant étudié que des
peuples barbares, groſſiers & igno-
rants, dont les inſtitutions étoient
bien éloignées des Loix de la Nature, ou de celles de la Chine, je
reſſemble à ces hommes qui n'ont
fréquenté que des hommes vicieux,

& font parvenus à ne plus croire à la vertu. Je vous demande pardon ; il ne me feroit pas difficile de vous prouver que les Grecs & les Romains ne doivent pas produire cet effet dangereux. Je crois tout ce qu'on peut me dire de plus fublime & de plus héroïque fur le caractere d'une Nation ; mais je voudrois que, pour offrir un tableau plus furprenant à l'imagination des Lecteurs, on n'affociât pas, dans une relation romanefque, des chofes que la Nature n'affocie jamais. Je fais à quel degré de vertu on pourroit porter les hommes, en cultivant les principes de fociabilité avec lefquels nous naiffons, & que M. l'Abbé Pluquet a développés avec autant de profondeur que de fagacité. Si un voyageur me difoit qu'il a découvert un pays où chaque habitant eft auffi vertueux que Socrate, je le croirois ; pourvû qu'en même temps il m'apprît par quels moyens le Gouvernement auroit produit ce miracle. Si un Miffionnaire fe bornoit à dire qu'il a vu un Empereur de la

Chine, qui, en jouiſſant de la puiſſance la plus étendue, ne ſe regar-
doit que comme le Miniſtre des Loix,
& n'étoit occupé que du bonheur de
ſes Sujets ; s'il ajoutoit que ce Prince,
image vivante de la Providence,
rempliſſoit de ſa ſageſſe toutes les
Provinces de ſon Empire, & n'avoit
d'autres regles, pour gouverner, que
celles de la juſtice & de la bienfai-
ſance, je le croirois ; ſur-tout s'il
avoit aſſez d'eſprit pour paroître
étonné des merveilles qu'il raconte-
roit ; je crois aux Trajan, aux Marc
Aurele, aux Charlemagne. Que la
Chine ait vu ſur le trône quelques
grands hommes, perſonne n'en doute ; mais ce qui me confond, Monſieur, c'eſt que, dans une longue
ſuite d'Empereurs, quelquefois vicieux, plus ſouvent incapables de
regner, & qui cependant regnoient
deſpotiquement ſur un peuple lâche,
avare & fourbe, les mœurs, les
Loix & le Gouvernement des Chinois n'aient ſouffert, pendant quatre
mille ans, aucune altération : en
vérité, quand on croit tout cela, on

eft bien prêt à prendre pour des réalités nos Contes de Fées.

Ou rapporte du defpotifme des anciens Egyptiens, à peu près les mêmes chofes qu'on nous dit aujourd'hui de celui des Chinois; mais comme ces merveilles font écrites par des Ecrivains Philofophes qui connoiffoient le cœur humain, ils ne manquent point de nous apprendre comment les mœurs publiques de la Nation, & les inftitutions particulieres du Palais fervoient de barriere contre les abus d'un Gouvernement trop abfolu. Le temps, qui ufe, change & détruit tout, ayant peu à peu préparé des révolutions, le defpotifme s'en fervit enfin pour fe délivrer de la contrainte où on le tenoit, & l'Egypte n'offrit plus que le fpectacle des paffions & des malheurs communs parmi les hommes. Pourquoi la Chine feule, fans le fecours des mêmes vertus qui firent autrefois fleurir l'Egypte, feroit-elle inébranlable dans fes principes ? Pourquoi des événements qui devoient lui donner un nouveau génie

& une nouvelle politique, en aug-
mentant & multipliant les paſſions,
la laiſſent ils toujours dans la même
ſituation ? Pourquoi les vices nés au
milieu des troubles, des déſordres
& des guerres civiles, diſparoiſſent-
ils dès que la paix eſt rétablie ? Une
expérience conſtante ne nous ap-
prend-elle pas que quand les Sociétés ont été corrompues juſqu'à un
certain point, elles reſſemblent à
ces hommes dont une maladie a dérangé la conſtitution pour toujours,
& qui, en ne mourant pas, ſont
condamnés à une éternelle & dou-
loureuſe convaleſcence ?

Il m'eſt impoſſible, Monſieur, de
m'accoutumer à quatre mille ans de
perpétuité dans le Gouvernement
Chinois ; tant de conſtance n'eſt
point faite pour les hommes ; &
comment y croirois-je, tandis que
je vois mille événements particuliers
qui auroient dû déranger l'harmonie
des Loix, & faire naître de nouveaux intérêts, de nouvelles habitudes & de nouvelles coutumes ?
L'Auteur du *Deſpotiſme de la Chine*

convient (1) lui-même que si, dans le nombre de deux cents trente Empereurs, il s'en trouve plusieurs qui se sont rendus recommandables par leurs belles qualités, leurs lumieres & leurs vertus; il y en a d'autres qui ont été en horreur par leur méchanceté, leur ignorance & leurs vices. Il ajoute plus bas que plusieurs de ces Princes ont fourni à leurs Successeurs de funestes exemples du danger auquel s'expose un Empereur de la Chine, lorsqu'il s'attire le mépris & la haine de ses Sujets; & que ceux qui ont voulu se servir des forces militaires pour exercer un despotisme arbitraire, ont été abandonnés par leurs propres armées.

Je vois bien que l'Histoire de la Chine, à l'égard de ses Empereurs, ressemble à toutes les Histoires du monde, & qu'on a vu sur le trône de bons & de mauvais Princes : pourquoi ne dirois-je donc pas que les Chinois sont, par conséquent,

_______________

(1) Tom. 3. des Ephémérides du Citoyen, p. 31.

comme les autres hommes, & que le vice qui a osé s'asseoir sur le trône, infecte aussi les maisons des particuliers ? Ne suis-je pas en droit de soupçonner notre Auteur de flatter le peuple qu'il nous propose comme un modele ? Résolu de trouver le Gouvernement des Chinois admirable, parceque leurs champs sont très bien cultivés, il s'est fait illusion à lui-même ; il n'a voulu voir que le bien que les Missionnaires disent de ce peuple : sans s'en appercevoir, il déguise leurs reproches qui sont cependant très graves. Je voudrois qu'on m'expliquât comment plusieurs Princes viciéux n'ont pû réussir à corrompre leurs Sujets, ou par quel prodige les mœurs altérées des Chinois ont été un obstacle aux révolutions.

Mais, je vous prie, Monsieur, qui a détrôné ces méchans Empereurs, dont parle notre Auteur ? Si cette opération dangereuse s'est faite sans tumulte, il faut qu'il y en ait une cause ; car il n'est pas naturel qu'un Prince tout puissant perde fa Couronne fans produire les commotions qu'un pareil événemens a toujours excitées dans les autres Etats. Si les Chinois n'ont pas dans leur droit public une regle conftante & fûre pour détrôner les Empereurs qui leur déplaifent, la difgrace de quelques Princes ne doit fervir qu'à divifer la Nation & le Souverain, en les mettant l'un à l'égard de l'autre dans une défiance continuelle. Si cette regle exifte, j'en conclus qu'il y a à la Chine une puiffance fupérieure à celle de l'Empereur ; dès-lors le Monarque n'eft ni un Defpote arbitraire, comme l'affurent les relations des Miffionnaires, ni un Defpote légal, comme vous le prétendez ; & la Chine ne vous fervira plus à étayer les principes de votre ordre naturel des Sociétés.

Un Empereur de la Chine fe dépofe-t-il comme le Grand Seigneur que les Janiffaires font étrangler ou reléguent dans un cachot du Serrail? En ce cas je devrois voir la milice dominante & une forte de démocratie militaire ; & je demande pourquoi la milice Chinoiſe n'a pas les mœurs , la politique & les prétentions des cohortes Prétoriennes & des Janiſſaires. Les ſoldats ſeroientils à la Chine les dépoſitaires , les gardiens & les protecteurs des loix ? En ce cas il faudroit me dire ce qui les empêche d'abuſer de leurs forces. S'ils refuſent de ſervir d'inſtrument à l'injuſtice de l'Empereur ; pourquoi cette audace généreuſe dans la milice , ne réveille-t-elle aucune ambition dans ſes Chefs ? Il eſt inconcevable que la Chine n'éprouve pas tous les jours des révolutions. On eſt ſurpris avec raiſon que dans le cours de quatre mille ans , il y ait eu ſi peu de Généraux qui aient cherché à tromper l'amour des troupes pour la juſtice , & à profiter de leur diſpoſition à la déſobéiſſance , & de l'orgueil que doit leur inſpirer leur pouvoir , pour s'emparer du Trône.

Si ce ſont les Cours Souveraines de Pékin qui jugent & dépoſent les Empereurs , il eſt donc vrai que la

volonté du Defpote n'entraîne, ne
fubjugue, ne foumet pas toutes les
autres volontés ; les Chinois ne
connoiffent donc pas votre ordre
naturel & effentiel des Sociétés ;
& j'ajouterai que bien leur en prend,
car s'ils l'avoient connu, ils auroient
été contraints de fe foumettre à la
tyrannie des plus méchants Princes,
& depuis long-temps feroient auffi
vicieux & auffi malheureux que les
autres peuples. Ces Tribunaux affez
puiffants pour dépofer le Souverain,
& qui cependant ne font deftinés
qu'à exécuter fes ordres, font pour
moi une énigme que je ne puis
deviner. Pourquoi n'ont-ils pas établi une véritable ariftocratie ? Pourquoi n'ont-ils pas limité les droits
& la prérogative de l'Empereur ?
Si l'ambition & l'envie de dominer
ne font pas connues à la Chine,
les Chinois ne font pas des hommes ;
& je ne conçois plus par quel motif
ils fe donnent cependant tant de
peine pour parvenir aux premiers
honneurs. Les paffions ont elles dans
le fond de l'Afie une marche toute

différente que dans le reste du monde ? Je demanderois encore par quelle raison les Mandarins qui composent ces Tribunaux, n'ont pas cherché à y établir leurs familles à l'exclusion de toutes les autres : l'amour du sang chez les Chinois n'est-il sujet à aucune des illusions qu'il occasionne par tout ailleurs ?

Supposons enfin que ces Empereurs vicieux qui avoient soulevé les esprits contr'eux, aient été détrônés les armes à la main ; voilà donc, vous dirai-je, Monsieur, le fruit de cette évidence qui veille à la conservation des loix ; votre derniere ressource dans votre Despotisme légal, est donc une révolte générale, & vous exposez les loix à devenir le jouet des hasards & des événements incertains de la guerre. A quelle terrible extrémité n'exposez-vous pas les hommes ? Il me semble même, si j'ai bonne mémoire, que quelques-unes de ces révolutions ont été occasionnées par des voleurs, qui en s'attroupant, sont venus à bout de se rendre les Maîtres de l'Empire. Si cela est, quelle estime voulez-vous que j'aie pour un Gouvernement qui ne prévient pas un mal si aisé à prévenir ? Mais quoi qu'il en soit de la maniere dont ces révolutions ont été produites, il est certain que la révolte a mis quelquefois toute la Chine en feu ; & il est fort extraordinaire que l'évidence qui avoit échauffé les esprits au point d'allumer une guerre civile, les contienne encore assez pour qu'ils obéissent tranquillement à un usurpateur, & qu'on ne prenne contre lui aucune précaution. Les vainqueurs sont apparemment bien peu avisés à la Chine, s'ils ne craignent pas de la part de leur nouvel Empereur les maux que leur avoit faits le Prince qu'ils ont détrôné ; & l'usurpateur est bien imbécille s'il ne prend pas des mesures pour affermir sa fortune.

Je vous demande pardon, Monsieur, de toutes mes longueurs ; je suis obligé de vous faire ces différentes suppositions, parceque n'ayant qu'un souvenir très confus de ce que les Jésuites ont écrit sur la Chine, j'ignore de quelle maniere quelques Princes de cet Empire ont été détrônés ; & que vous écrivant de la campagne, il m'est impossible de consulter les ouvrages qui m'instruiroient & me mettroient en état de vous faire des objections plus directes. Je n'ai sous les yeux que les *Ephémérides du Citoyen*, & je me borne à vous faire part des réflexions, ou plutôt des doutes que cette lecture même me fait naître.

Tout est inconcevable dans l'histoire de la Chine. Passe qu'un Empereur ennivré de son pouvoir ait cru que tout lui étoit possible, & se soit fait détrôner comme un étourdi ; mais un premier exemple auroit dû servir de leçon à ceux de ses successeurs qui avoient la même ambition de changer leur Despotisme légal en Despotisme arbitraire. Ces Princes auroient dû sentir que la puissance, quelque énorme qu'elle soit, a encore besoin de quelque art pour s'accroître ou

pour contenter tous ſes caprices, &
qu'elle doit alors ſéduire & tromper
pour ne pas révolter. Par quel intérêt,
par quel arrangement ſecret les troupes que l'Empereur paie & commande, lui ſont elles moins attachées qu'à
l'Etat ? D'où nait cet eſprit Patrio-
tique & Républicain dans le Deſpotiſme ? Ce qui n'étonne ni des miſſionnaires ni des voyageurs peu intelligents, devroit, à ce qu'il me ſemble, étonner un Philoſophe qui lit
leurs fables. Si les Chinois ne ſe
précipitent pas au devant du joug,
en obéiſſant à un maître toutpuiſſant,
il faut qu'ils aient quelqu'envie &
quelqu'eſpérance d'être libres ; & je
demande comment le Deſpotiſme
& l'amour de la liberté s'aſſocient.
Si un Empereur de la Chine eſt
abandonné de ſes ſoldats quand il
les veut employer à ſervir ſon injuſtice, il devroit au moins ſe douter de cette diſpoſition des eſprits :
pourquoi les Chinois qu'on dit ſi
habiles & ſi ſages, ont-ils des Empereurs ſi imbécilles ? Je ne conçois
point pourquoi un Prince néglige de

séduire ses troupes, & s'il le tente, pourquoi il n'y réuſſit pas.

Je ſais que l'Auteur du Deſpotiſme de la Chine (1) nous apprend que dans cet Empire il n'y a perſonne ni homme ni femme, quel que ſoit ſon âge, fût-il ſourd ou aveugle, qui n'y gagne aiſément ſa vie ; mais il nous dit ailleurs qu'on y trouve une multitude infinie de canaille qui manque de ſubſiſtance, qui mandie, qui expoſe ſes enfants & qui vend ſa liberté. Il auroit même pû ajouter que les Provinces ſont infeſtées par des bandes de brigands & de voleurs toujours en guerre contre les habitants de la campagne Avec tant d'hommes mécontents de leur ſort, qui n'ont rien à perdre, & tout à gagner en ſervant les paſſions de l'Empereur, comment peut-il être ſi difficile de ſe faire une armée avec laquelle on ſubjugue le reſte de la Nation ?

La Couronne de la Chine eſt pa-

---

(1) Tom. 3 des Ephémérides du Citoyen, p. 54 & 57.

trimoniale , c'eſt-à-dire , que le Prince eſt le maître de ſe choiſir le Succeſſeur qu'il déſire. Vous pouvez voir , Monſieur (2) , dans *l'Ordre naturel des Sociétés* combien ce vice eſt conſidérable , & il ſeroit inutile de vous répéter ici le dénombre-ment des abus & des inconvénients auxquels l'élection de la Couronne ouvre la porte ; mais ſi l'hérédité doit être reglée d'une manière cer-taine & immuable pour éviter les cabales & les intrigues nécéſſaires chez un peuple qui choiſit ſon Roi , pourquoi laiſſe-t-on à l'Empereur la liberté de faire le choix de ſon Succeſſeur ? Ne doit il pas en ré-ſulter une foule d'abus ? Un Colao ambitieux & adroit aſpirera au Trône, & pour y parvenir il dirigera l'adminiſtration à cette fin , & abu-ſera de la foibleſſe du Prince & du crédit qu'il a pris ſur lui. Si l'hiſtoire de la Chine ne rapporte rien de pareil , je dirai que les Chinois ſont placés hors des bornes preſcrites à

_______________

(1) Chap. 19, p. 241.

l'humanité, & que c'eft une raifon de plus pour douter de la fidélité des Hiftoriens.

L'Empereur Yao avoit neuf fils incapables de régner, malheur bien fingulier pour un pere Chinois, & fur-tout pour un Empereur qui fans doute eft obligé par les loix de donner à fes enfants une éducation qui écarte de leur cœur les vices ordinaires dans les Cours. Je voudrois que l'Auteur nous eût donné un détail bien circonftancié de cette éducation, car il me femble que le fafte, la pompe & la fortune d'un Empereur de la Chine & l'aviliffement de fes Officiers font bien propres à corrompre l'ame de fes enfants. Quoi qu'il en foit Yao n'ayant pû donner à fes fils des qualités Impériales, & fe défiant du pouvoir de l'évidence & de cette longue fuite de Tribunaux & de Mandarins qui doivent défendre les loix, choifit un Laboureur nommé Xun pour lui fuccéder ; & les Economiftes ne manquent pas d'applaudir à un choix qui honore l'agriculture : j'y applaudis auffi, mais je demande pourquoi cette liberté qui abandonne la fucceffion au caprice du Prince, n'a pas produit cent défordres dans l'Etat.

On croiroit peut-être que ce nouvel Empereur, appellé de fi loin au Trône & qui devoit tout à fes vertus, a été un prodige auquel on ne peut comparer Marc Aurele ; point du tout, l'hiftoire remarque que Xun, fe conformant aux regles de deuil ordinaires à la Chine, s'enferma pendant trois ans dans la fépulture d'Yao, pour fe livrer aux fentiments de douleur que lui caufoit la mort de fon bienfaiteur. Paffe que ce bon Prince ait cru que cette reconnoiffance fût fon premier devoir ; mais comment les Mandarins les plus puiffants ne profiterent-ils pas de cette inaction pour perdre un Empereur dont ils n'avoient dû voir l'élévation qu'avec un extrême déplaifir ? Quoique l'agriculture foit fort honorée à la Chine, ceux qui y font dévoués ne font cependant que dans une claffe

très inférieure à celle des Lettrés ,
& Xun devoit avoir mille jaloux ,
c'est-à-dire , mille ennemis. Ne dites
pas , je vous prie , que la Noblesse
héréditaire étant inconnue à la
Chine , les Grands n'y ont point
pour leurs inférieurs ce même mépris qui n'est ailleurs que trop commun ; il me seroit aisé de faire voir
que les parvenus , comme le sont
tous les grands de la Chine , n'ont
pas moins de vanité ni d'orgueil
que s'ils tenoient leur grandeur de
leurs peres , & souvent ont plus de
prétentions.

Xun sortit enfin de son tombeau ,
& répara bien le temps qu'il y avoit
perdu. Jamais Prince , dit notre Auteur , ne fut plus accessible ; pour
qu'on pût lui parler plus facilement ,
il fit attacher aux portes de son Palais une cloche , un tambour & trois
tables, l'une de fer, l'autre de pierre,
& la troisieme de plomb. Il publia
ensuite une Ordonnance , par laquelle il enjoignoit à tous ceux qui
voudroient lui parler , de frapper
sur ces instruments ou sur ces tables

ſuivant la nature des affaires qu'on auroit à lui communiquer. L'Hiſtoire remarque qu'un jour il quitta deux fois la table au ſon de la cloche, & qu'un autre jour il ſortit trois fois du bain pour recevoir les plaintes qu'on vouloit lui faire. Je ſuis ravi pour ce bon Empereur que ces accidents n'aient pas été plus fréquents ; car notre Auteur aſſure que le Prince eſt l'ame de tout à la Chine, & qu'il fait tout par lui - même. Pourriez-vous m'apprendre, Monſieur, ſi cet uſage ſubſiſte encore, ou plutôt par quelle révolution un Empereur ſi débon- naire & ſi acceſſible n'a eu pour Suc- ceſſeurs que des Princes inviſibles , comme le ſont tous les Monarques d'Orient.

On inventa, ſous cet Empereur, le vin Chinois qui ſe fait avec le ris ; & il n'en eut pas plutôt goûté , qu'il en témoigna du chagrin : cette li- queur, dit-il, cauſera de grands trou- bles dans l'Empire. Je ſuis ravi, pour l'honneur de l'agriculture, que cet Empereur , tiré de la charrue, ſoit plus aviſé & plus précautionné que plusieurs de ses Successeurs qui se font laissé détrôner sans rien prévoir. Mais, Monsieur, qu'est-ce donc que cette sagesse tant vantée du Gouvernement Chinois qui est menacé de sa décadence par l'invention du vin ? Xun ne manqua pas de prendre contre cet accident funeste les mesures que lui dictoit sa prudence ; il bannit de ses Etats l'inventeur du nouveau breuvage, & défendit, sous de grieves peines, d'en composer à l'avenir. Malheureusement sa défense fut inutile, on lui désobéit ; & je remarquerai, en passant, que, puisque cet Empereur ne put vaincre l'intempérance des Chinois, & leur goût pour une liqueur à laquelle ils n'étoient pas encore accoutumés, il est bien surprenant que, dans toute autre occasion, les Loix exercent un empire absolu, & empêchent les autres passions de traîner à leur suite d'aussi grands maux que ceux qu'annonçoit l'ivrognerie.

Xun, qui avoit trouvé dans l'agriculture tous les secrets de la politique, étoit trop habile pour avoir été allarmé mal à propos ; son fils, dit-on, fut la victime de son goût pour le vin ; ses débauches le rendirent méprisable, & il perdit la Couronne ; événement qui donna lieu à une suite d'usurpateurs & de tyrans dont le mauvais sort fut une leçon bien effrayante & bien utile pour les Souverains de cet Empire. A la bonne heure, Monsieur, que la fin tragique de ces usurpateurs ait été propre à instuire les Princes ; mais ne conviendrez vous pas que ces usurpations, qui se succédent les unes aux autres, devoient changer la forme du Gouvernement ? Des usurpateurs & des tyrans ont toujours un parti considérable dans un Etat, & leur intérêt particulier devient nécessairement l'intérêt général de leurs factions qui doivent travailler à faire oublier les anciennes loix. Pour préparer son élévation & conserver sa fortune, un usurpateur est forcé de recourir à des moyens & à des ressources extraordinaires qui dénaturent le Gouvernement.

vernement. La nécessité rend alors
tout permis, & il s'établit de nouveaux usages, de nouveaux principes & de nouvelles regles dans l'administration. A la Chine, comme
par-tout ailleurs, si un usurpateur
a le sens commun, il doit sentir la
nécessité de tout changer & de tout
altérer ; & après plusieurs usurpations consécutives, on ne retrouve
tout au plus dans un Etat que quelques traces de ses anciennes loix
& de son ancienne constitution. Je
vous demanderai donc éternellement, Monsieur, en vertu de quel
privilége particulier les mœurs & les
loix de la Chine n'auroient souffert
aucune altération au milieu des
événements qui en doivent produire
mille ? Pourquoi les plus grands troubles ne laissent ils aucune inquiétude
dans les esprits ? Pourquoi les usages
anciens ne sont ils pas altérés ? Les
Chinois n'ont ils que la passion du
vin qui puisse résister à la puissance
des Empereurs ? Enfin pourquoi de
nouvelles craintes, de nouvelles
espérances & de nouveaux intérêts

ne leur donnent ils pas un nouvel
esprit ?

L'Auteur du *Despotisme de la
Chine*, m'apprend que Confucius a
écrit l'Histoire des guerres que les
Princes Tributaires de l'Empereur se
sont faites pendant deux cents ans ;
& ces Princes & ces guerres, dont
je ne doute point, ne laissent pas
de m'embarrasser beaucoup ; j'ai de
la peine à ajuster tout cela avec la
perpétuité du Gouvernement Chinois. Daignez m'apprendre, Monsieur, comment ces Principautés qui
n'existent plus, s'étoient formées,
comment elles ont perdu leurs Souverains particuliers, & par quel prodige ces changements considérables
n'ont rien changé à la constitution
de la Chine. Si l'on voit que l'établissement & la ruine du Gouvernement féodal en France, ont produit
& ont dû nécessairement produire
différentes altérations dans les principes de notre droit public, est-il
possible d'imaginer que l'établissement & la ruine des Principautés
Tributaires de la Chine n'aient

causé aucune révolution dans la politique des Chinois ? Je croirois entrevoir quelque ressemblance entre l'Histoire de la Chine & celle des autres Etats. Peut être que les Chinois ont commencé, comme tous les peuples dont nous connoissons l'origine, par n'être pas soumis à un Gouvernement despotique. Leurs guerres civiles, leurs troubles domestiques, des Empereurs détrônés, tout cela n'indiqueroit-il pas un peuple qui aime sa liberté & qui la défend ? Peut-être que les Tribunaux & les Mandarins ne sont que les restes d'un Gouvernement dégénéré. Peut-être, permettez moi de vous le dire, que ce que vous prenez pour l'ouvrage de la raison & de la plus haute sagesse, n'est que le fruit de l'affaisement de l'ame & de la lassitude d'un peuple qui a désespéré d'être libre, & qui s'est enfin accoutumé à son esclavage.

On nous dit que quand Confucius parut, la Chine étoit déchue de son ancienne splendeur & qu'elle commençoit à se corrompre ; je le conçois très aifément après une guerre domeftique de deux cents ans; mais ce que j'ai de la peine à concilier avec la nature des paffions humaines, c'eft que cette corruption ait été arrêtée fubitement dans fon cours pour faire place à la plus haute fageffe. Ce n'eft pas vous, Monfieur, qui ferez furpris de mon embarras, vous connoiffez trop bien le cœur des hommes pour ne pas penfer avec Tacite, qu'il faut des fiécles entiers pour corriger les erreurs d'une année ? Pourquoi donc, s'il vous plaît, les Chinois ont-ils adopté en un inftant la doctrine de Confucius, qu'on repréfente comme le réformateur de la religion & du Gouvernement, & qui n'étoit cependant qu'un fimple particulier livré à l'étude de la morale ? N'y a-t-il rien de fabuleux dans cette converfion fubite ? Jamais un Prédicateur n'a eu un fuccès fi prompt, & n'a opéré un changement fi général & fi durable. Pourquoi ce Philofophe fait-il tant de bien, & met-il en déroute tous les vices, tandis que l'Empereur Xun, qui étoit un si honnête homme, ne peut pas même triompher de la seule intempérance des Chinois ? Nos Missionnaires n'ont point été assez barbares pour ne pas traduire les Ouvrages de Confucius. Je n'ai pas lu cette traduction qui n'a opéré aucun changement en Europe ; mais j'ai cent fois entendu dire par des gens éclairés, que cet Ouvrage ne contient que des vérités communes.

J'ai peur, Monsieur, que les Chinois ne valent pas mieux que nous, malgré leur despotisme & notre gouvernement tempéré ; & que cette grande réforme, opérée miraculeusement par les écrits d'un Philosophe, ne soit dans le fond que la suite toute naturelle du désir de la paix que devoit leur donner la lassitude de leurs guerres domestiques. Après la ruine des Princes tributaires, tout fléchit sous la puissance sans bornes dont l'Empereur commençoit à jouir. Quand le temps amena d'autres circonstances, & que les Chinois eurent perdu le souvenir de leurs maux paſſés, ils éprouverent de nouvelles révolutions ; on vit ſe former de nouvelles révoltes, & les Loix furent encore mépriſées.

Que voulez-vous que je penſe, Monſieur, quand je ſais que la Chine a été ſubjuguée à différentes repriſes par les Tartares, & qu'on m'aſſure que ſon gouvernement n'a ſouffert aucune révolution ? Peignez-vous ces Conquérants comme des brigands qui n'avoient aucune police entr'eux, & ſemblables aux Barbares qui ont envahi les Provinces de l'Empire Romain. Ces Tartares n'étoient-ils pas trop groſſiers pour connoître le prix de la police Chinoiſe ? Tout fiers de leurs avantages & de leur conquête, devoient-ils renoncer bruſquement à leurs mœurs & à leurs coutumes ? Parceque leur Capitaine ou leur Roi avoit conquis un grand Empire, devoient-ils ſe croire vaincus ? Quelque partiſan que vous ſoyez du pouvoir irréſiſtible de l'évidence, je crois que vous conviendrez aiſément qu'elle n'étoit pas faite pour eux, ou eux pour elle.

Quand le Capitaine Tartare se plaça
sur le trône de la Chine, quand on
supposeroit que ses soldats consenti-
rent à devenir ses esclaves, est-il
aisé de se forcer à croire qu'il prit
subitement les mœurs Chinoises ?
Quand il l'auroit voulu, l'auroit-il
pû ? Les Chinois eux mêmes, accoutumés à obéir, & étonnés du courage des Tartares, ne devoient-ils
pas, malgré eux, prendre quelque
chose du caractere & des coutumes
de leurs vainqueurs ? Il n'est pas naturel qu'un Empereur Tartare ait
permis aux Loix, aux institutions &
aux coutumes Chinoises, de lui lier
les mains sur le trône. Un Barbare
ne croit point être puissant, s'il n'a-
buse pas de son pouvoir ; il est même
bien rare, dans les Nations policées,
que le Souverain se contente d'une
autorité dont il ne pourroit pas abuser ; cette contrainte le gêne ; & ,
quand il voudroit se conformer aux
regles de la plus étroite justice, il
voudroit encore avoir la liberté de
les violer, pour avoir à ses propres
yeux le mérite de ne l'avoir pas fait.

J'avois bien raison de vous dire, Monsieur, que tout est inintelligible dans l'Histoire de la Chine, dès qu'on prétend que son Gouvernement, toujours le même depuis quatre mille ans, n'a souffert aucune révolution. Est il impossible que des Ecrivains qui nous ont visiblement trompés sur l'Histoire ancienne de la Chine, ne nous trompent pas encore sur l'état présent de cet Empire ? Il est vraisemblable que je vous aurois proposé des objections plus fortes que celles que vous venez de lire, si j'avois eu le temps & la commodité d'étudier & de comparer tout ce qu'on a écrit sur les Chinois. Enfin, Monsieur, je croirois que les notions douteuses & obscures qu'on a du caractere & du gouvernement de ce peuple, ne suffisent point pour servir de fondement à un systême politique : notre Auteur s'est peut-être trop hâté d'admirer les Chinois, & de nous les proposer comme un modele que nous devons imiter.

# LETTRE V.

*Réflexions sur le Despotisme actuel de la Chine. Pourquoi ce Gouvernement arbitraire n'y produit pas les mêmes maux qu'il produiroit ailleurs. Des abus sourds & journaliers de cette forme de Gouvernement. Des mœurs des Chinois.*

ON peint ordinairement le Despotisme avec des couleurs qui font frémir l'humanité ; au moindre soupçon d'un Despote, on voit, Monsieur, couler des torrents de sang ; l'innocence, toujours suspecte si elle n'est humble & timide, est précipitée dans des cachots, & condamnée à ne plus voir la lumiere. Tandis que le Despote languit & végete avec les ministres de ses plaisirs dans la mollesse, le faste & la débauche, ses esclaves sont en proie à la plus honteuse misere. Le despotisme, comme un feu dévorant, desséche & brûle les campagnes. L'homme craint de faire des enfants,

F v

parcequ'il craint de faire des malheureux ; une Nation semble s'a-
néantir , & ses Provinces ne sont
bientôt que des déserts.

Notre Auteur n'a pas vu les mêmes ravages & les mêmes excès à la
Chine , & il faut avouer que le despotisme y est soumis à une sorte d'ordre & de regle  Les ames sans énergie n'y sont que viles & fourbes : le
génie , à moitié étouffé , n'ose s'y
montrer. La mollesse des mœurs
bannit la férocité , & on en est
quitte, dans ce pays , pour quelques coups de bâton que l'Empereur
& les Mandarins font donner sans
forme de procès, & qu'on est accoutumé à prendre pour des correc-
tions paternelles. Les prisonniers ,
dit-on, y sont traités avec plus d'humanité qu'ailleurs ; la procédure criminelle est assujettie à des formali-
tés, & on n'y connoît point l'usage
du cordon , si commun chez les
Turcs. La Chine, en un mot, n'offre , dans toute sa vaste étendue,
que des campagnes que le travail &
l'industrie de ses nombreux habi-

tants ont fécondées. En faisant ces observations, notre Auteur en a conclu que le despotisme peut n'être pas toujours le fléau de la Société. Puisque l'Empereur de la Chine ne dévore pas ses Sujets, comme le Grand-Turc dévore les siens, il faut donc, s'est-il dit, qu'il y ait deux despotismes, l'un arbitraire, qu'on ne peut trop blâmer, l'autre légal qu'on ne peut trop louer. Un rêve agréable, qui plaît à un homme de génie, devient en quelque sorte une réalité. Dupe lui-même de son erreur, il ne voit plus que ce qu'il a intérêt de voir, & il bâtit enfin un systême qu'il auroit réfuté s'il ne s'étoit laissé prévenir.

Permettez-moi de vous demander, Monsieur, s'il est bien sûr que les avantages que les Economistes admirent dans l'administration de la Chine, soient le fruit du despotisme, & non pas de quelques accidents particuliers qui, malgré le despotisme, produisent le bien qu'on veut nous faire envier. Peut-être que le despotisme vieillit, permettez-moi cette expreffion , & qu'il devient moins horrible & moins effrayant en vieilliffant. Il eft du moins certain que c'eft dans le temps qu'il s'établit dans une Nation, qu'il lui fait éprouver fes plus grands excès. Le nouveau Defpote , fier d'un pouvoir fans bornes , qu'il craint cependant encore de perdre , fe preffe de tout intimider , de tout abattre & de tout renverfer. Tant qu'il peut appréhender quelque revers , il eft impitoyable ; ce n'eft que quand les efprits fe font accoutumés à la fervitude , qu'il femble fe relâcher de fa rigueur ; ce n'eft que quand il eft raffafié, ou qu'il n'a plus rien à prendre à fes Sujets , qu'il met un terme à fes déprédations.

La vanité & l'avarice , deux paffions qu'il eft fi difficile de fatisfaire dans un Monarque arbitraire, n'ont-elles pas caufé autrefois à la Chine bien des malheurs ? Il me femble qu'un Economifte ne peut point douter des vexations que cet Empire a éprouvées, quand les impôts, levés en forme de capitation , ou par voie de monopole, n'étoient point encore établis sur les terres. Telles étoient, il y a huit siécles, les sources des richesses de l'Empereur ; & l'agriculture ne devoit pas alors être florissante. Peut-être que les passions du Prince ne sont aujourd'hui moins destructives, que parcequ'on est enfin parvenu à ne lui rien contester. Il s'est établi des coutumes & des usages que le temps a affermis ; le Prince les laisse subsister, & y obéit, non pas parceque votre évidence le contraint à les respecter, mais parcequ'il ne doit presque jamais avoir envie de les détruire.

Je vous prie de remarquer que les Chinois sont le peuple policé de la terre le moins capable de penser, parcequ'il n'y a jamais eu peuple attaché aussi superstitieusement qu'eux aux minuties les plus puériles de leurs cérémonies, de leurs rites & de leurs routines. Le despotisme a réussi à leur imposer ce joug accablant, & il fait la sûreté du Gouvernement. Il y a plus de deux mille ans que les Chinois ont les connoissances qu'ils ont aujourd'hui ; ils les ont acquifes, felon les apparences, dans le temps qu'ils n'étoient pas encore efclaves, & depuis elles n'ont point fervi à étendre leurs lumieres & leur raifon. Les Lettrés, entre les mains de qui eft toute l'adminiftration, paffent leur vie à étudier leurs caracteres, & meurent, malgré l'application la plus affidue, avant que d'avoir pû parvenir à les connoître tous. Les examens qu'ils font obligés de fubir pour s'élever au rang de Lettrés, rang qui ouvre l'entrée aux places les plus importantes, ne roulent que fur des queftions affez fimples de morale : on s'inftruit des lieux communs de la politique, & jamais on ne fe demande fi ce qui fe fait eft ce qui doit fe faire. Les Chinois n'ayant ainfi qu'un cercle très borné d'idées, chacun fe tient à la place où il fe trouve, non pas parcequ'il eft heureux, mais parcequ'il eft affez ftupide pour croire que c'eft celle qu'il doit occuper ; & l'Empereur lui-même, abruti par l'abrutiffement général de fa Nation, végéte fans

erainte & fans defirs, parceque tous
fes Sujets tremblent à fon nom feul.
Tout l'Empire eft ainfi plongé dans
une profonde apathie par rapport
aux objets les plus importants de la
Société ; & le defpotifme, dans le
refte de l'Afie, fi foupçonneux, fi
jaloux de fon pouvoir, fi avare & fi
cruel, y paroît défarmé. Mais,
Monfieur, en établiffant ailleurs le
defpotifme, feriez vous bien fûr de
lui donner également des entraves ?
Etablirez-vous partout la même ftu-
pidité & le même genre d'études &
de connoiffances, que mille hafards
& mille circonftances dont vous ne
pouvez pas être le maître ont concouru à établir à la Chine ? Comment entretiendrez-vous cette mé-
diocrité des connoiffances Chinoi-
fes, comment empêcherez-vous l'efprit de prendre fon effor, fi vous ne
pouvez pas occuper vos Sujets, pendant toute leur vie, d'une foule de
caracteres qu'il eft impoffible de fa-
voir ? Permettez aux Chinois d'acquérir de nouvelles lumieres, & de
juger avec juftefse de leur fituation,

& vous verrez sur le champ le despotisme devenir soupçonneux, ensuite timide, & enfin furieux. Il faut donc se garder de proposer comme l'ordre naturel & essentiel des Sociétés, un Gouvernement qui n'est bon à la Chine que par hasard; ou plutôt qui, par hasard, n'y produit pas les maux qu'il produiroit chez tout autre peuple.

En suivant l'ordre ordinaire des choses, la plûpart des Empereurs doivent être des hommes sans caractere, c'est-à-dire, des hommes qui n'aient que des vertus froides & stériles, & des vices communs qu'une gravité majestueuse, puérile & pédantesque contient. Aucun intérêt puissant ne les remuant ni au dedans ni au dehors de leurs Etats, leur ame n'a jamais occasion de se secouer ou de faire un effort, & ils obéissent par nonchalance à la coutume. Dans aucun autre pays la puissance législative ne peut être aussi oisive qu'elle l'est à la Chine, parceque dans aucun autre pays, les hommes ne sont aussi routiniers

que les Chinois. Tout va aujour-
d'hui comme hier par le secours
des préjugés, de l'habitude & d'une
administration rigoureuse qui em-
brasse à la fois toutes les parties de
la Société, qui ne se relâche jamais
& qui inspire une crainte continuelle. Ne croyez pas que le Gouvernement s'occupe du bien public,
puisqu'il subsiste des abus qu'il seroit
aisé de corriger. On n'a pas songé
à former des colonies pour se débarrasser des Citoyens qui surchar-
gent l'Etat, & rien cependant n'est
plus facile à imaginer. On regarde
toute nouveauté comme un vice,
& on craindroit de donner du courage aux Chinois, quoique leur
poltronerie ait déja fait le malheur
de l'Empire. Sans songer aux inconvénients qui accompagnent la
mendicité, on la laisse subsister,
parcequ'elle subsiste depuis long-
temps.

Vous le voyez, Monsieur, la
vanité ou l'ambition d'être le maître, n'incendie pas, si je puis parler
ainsi, l'ame d'un Empereur de la

Chine à qui on ne conteste rien : mais cette disposition ne peut se trouver que dans un Despotisme ancien ; & avant que de devenir ancien, combien le Despotisme que vous voulez établir, n'aura-t-il pas causé de maux ? Ajoutez à ce que je viens de dire que l'avarice, si redoutable dans un Despote, ne fait craindre aucun danger aux Chinois. Les richesses du Prince égalent son pouvoir, & elles suffisent sans peine à tous ses besoins & au luxe énorme de sa Cour. Les revenus de l'Empereur montent, nous dites-vous, à un milliard de notre monnoie ; a-t-il besoin d'une grande modération pour ne pas expolier ses sujets par des violences & des confiscations ? N'est-il pas vraisemblable qu'il tire de ses sujets tout ce qu'il en peut tirer ? Pourquoi ne respecteroit-il pas le reste de leur fortune ? Pourquoi dévoreroit-il leur subsistance ? L'Empereur de la Chine est un homme toujours rassasié ; & dans cette situation les lions & les tigres mêmes sont tranquilles

& timides. Mais en établissant le Despotisme, aurez-vous toujours, Monsieur, des Etats si considérables & des revenus si immenses à donner à votre Despote ? Et s'il a des besoins, que deviendra votre ordre naturel ? Ne craindrez-vous rien pour votre agriculture ?

L'Empire de la Chine n'a point de voisins. Il n'a point de guerre étrangere à soutenir ; ainsi le Prince n'a aucune raison ni aucun prétexte de chercher des secours extraordinaires dans la fortune de ses sujets. Mais si on ne place pas le Despotisme dans la même situation & dans les mêmes circonstances, au lieu d'être paisible & tranquille, comme il est à la Chine, vous le verrez s'irriter, s'armer de toutes ses forces, mépriser la justice, braver l'évidence, dévaster l'Etat, & n'offrir bientôt que ce spectacle déplorable que présentent la Turquie & la Perse.

Mais quand vous auriez établi dans un autre pays un Despotisme aussi peu dévorant que celui de la

Chine , croiriez-vous , Monfieur ; avoir fait un grand chef-d'œuvre en politique ? Il ne fuffit pas en établiffant une puiffance turelaire , d'empêcher qu'elle ne dévore ceux qu'elle doit protéger ; il faut encore qu'elle mette la fociété à l'abri des violences & des injuftices de fes voifins. Vous favez à cet égard combien la Chine eft dépourvue de toute protection , elle a été fubjuguée plufieurs fois par les Tartares. Si vous ne trouvez pas un pays entouré prefque de toutes parts par la mer & de hautes montagnes , & qui n'aura pour voifins que des vagabonds qu'on arrête avec une muraille , ou les Royaumes du Tonquin & de la Cochinchine que le Defpotifme a réduits à la plus grande foibleffe , que deviendra votre Empire ? Comment en fermerez-vous l'entrée à fes ennemis ? Par quels moyens empêcherez-vous que les récoltes des Propriétaires & des Cultivateurs ne foient pillées & brûlées ? Comment empêcherez-vous que le pays ne foit conquis &

ne devienne esclave sous un vainqueur insolent ? Si vous voulez faire
de bons soldats sous votre Despote,
prenez garde que vous serez obligé
de détruire les mœurs, les habitudes & les coutumes Chinoises,
qui vous sont cependant nécessaires
pour que le Despotisme ne devienne
pas destructif. Ce génie paisible des
Bacheliers & des Docteurs, qui entretient la Chine dans un ordre
apathique, ne peut faire place au
génie qui fera de bons soldats, sans
que l'harmonie de tout le Gouvernement ne soit détruite. Il faut élé-
ver l'ame des hommes qui doivent
sacrifier leur vie à leur Patrie, &
le Despotisme s'effarouche dès qu'il
ne voit pas autour de lui des esclaves
timides. Choisissez, Monsieur, ou
de laisser votre Société sans défense,
ou de lui donner un autre Gouvernement que celui de la Chine.

Ces Tartares qui ont vaincu &
subjugué un Empire qui entretient
sur pied plus de sept cents mille
hommes de milice, & qui a plus
de Citoyens que l'Europe entiere,

je voudrois qu'ils eussent attaqué
une seule Ville de l'ancienne Gréce,
par exemple, cette République de
Sparte pour laquelle vous avez tant
de mépris ; vous verriez comment
auroient été traités ces héros si re-
doutables pour les Chinois. Rappellez-vous quel fut le sort de ces
Gaulois qui pénétrerent jusqu'à
Delphe, dans un temps où la Gréce
déja corrompue, divisée & trop
accoutumée à craindre la Macé-
doine, ne paroissoit presque plus
en état de défendre sa liberté expi-
rante. Je voudrois voir débarquer
à la Chine, ou dans le nouvel
Empire que vous auriez établi sur
ce modele, trente mille Macédo-
niens commandés par un Alexandre
ou un Philippe ; vous éprouveriez
de quel secours vous seroient alors
les principes de votre ordre naturel ;
vous verriez ce que deviendroit
l'évidence de vos Bacheliers devant
le courage de mes soldats. Tout
fuiroit à l'approche des ennemis,
& le vainqueur bientôt maître de
Pékin, régneroit impérieusement &

sans contradiction sur toutes les Provinces de l'Empire. En voyant que tantôt une poignée de Tartares, & tantôt une bande de voleurs formée dans quelque Province, suffisent pour subjuguer la Chine ; que les Chinois sont tranquilles dans leur défaite & leur humiliation, & ne font aucun effort pour secouer le joug des étrangers ou des brigands domestiques qui les ont asservis ; comment a-t-il été possible de ne pas soupçonner qu'il y avoit un vice énorme dans la constitution de leur Gouvernement ? Il étoit aisé de s'appercevoir qu'une Nation si aisément vaincue, n'étoit pas la Nation la plus sage & la plus heureuse de la terre, ou que l'ordre qui y regne est plutôt le fruit de sa crainte & du hasard que de sa politique.

Ce qui a vraisemblablement trompé l'Auteur du *Despotisme de la Chine*, c'est qu'ayant commencé ses études politiques par l'agriculture, la nature des impôts & du commerce, il s'est accoutumé à regarder

ces objets fécondaires de l'adminiftration comme les principes fon-
damentaux de la Société. La Chine
eft très peuplée, & toutes fes terres
font parfaitement cultivées, j'en
conviens ; mais falloit-il conclure de
cette vérité que le Gouvernement
de la Chine eft parfait ? Non fans
doute, puifque la population la
plus nombreufe & l'agriculture la
plus floriffante peuvent fe trouver
dans un Gouvernement que vous
regardez vous même comme très
vicieux. L'ancienne Gréce qui fe
gouvernoit par des principes tout
contraires à votre ordre naturel,
étoit, malgré les colonies fréquentes
qu'elle envoyoit au dehors, plus
peuplée que ne l'eft la Chine, &
aucune friche ne deshonoroit fes
campagnes. Il peut fe faire qu'on
ne doive ces avantages qu'à quelques accidents heureux ou à une
induftrie particuliere ; telle eft aujourd'hui la Province de Hollande
où le commerce appelle & retient
des habitants que fes terres ne pourroient nourrir.

En

En supposant que le Gouvernement de la Chine ait la sagesse de n'enlever ni aux Propriétaires ni aux Cultivateurs les fonds nécessaires à la culture & à la réproduction des fruits ; pourquoi prétendez vous, je vous prie, que le Despotisme seul soit capable de cette modération ? Ne paroit-il pas certain que tous les peuples ont commencé par faire ce que vous admirez dans les Chinois ? Il me semble que le sens commun suffit aux peuples les plus démocratiques pour diminuer, autant qu'il est possible, les impositions qui nuiroient à l'agriculture ; & naturellement ils doivent être plus économes que votre Despote qui ne sent pas le poids des charges publiques, & qui au contraire peut être heureux du malheur public.

Les Empereurs de la Chine régnant dans les Contrées les plus riches & les plus fertiles de la terre, & n'ayant presque aucune guerre à soutenir contre leurs voisins, il leur a été aisé de ne pas détériorer l'agriculture ; & quoiqu'ils négligeaſſent toutes les autres parties de l'Etat, vous concevez facilement que leurs ſujets ſe multiplioient, parceque les hommes ſe multiplient toujours à proportion de la nourriture qu'ils rencontrent. Mais ſi le peuple le mieux gouverné ne ſe trouve ni dans la même poſition ni dans les mêmes circonſtances, ſi ſes Provinces ſont moins fécondes, s'il eſt obligé de ſoutenir des guerres diſpendieuſes contre des voiſins inquiets & ambitieux ; ne voyez-vous pas que malgré la ſageſſe ſupérieure de ſes loix, il n'aura point cette agriculture & cette population qui vous charment chez les Chinois. Pour vous convaincre que ces avantages ne ſont pas à la Chine le fruit d'une politique éclairée, je vous prie de faire attention que ſon Gouvernement, pareſſeux par ſa nature & peu induſtrieux, n'a pas l'eſprit de profiter de la fécondité de ſes terres & de la multitude de ſes Citoyens pour bannir la pauvreté & la miſere de ſes Etats & pour augmenter ſes

forces ; de forte que la Chine eft
reftée fans défenfeurs contre les
étrangers , & eft inondée d'une
canaille qui meurt de faim & qui
lui eft à charge.

Pour vous donner une preuve
encore plus forte , Monfieur , que
votre Defpotifme Chinois ne produit un certain bien que par hafard ,
je remarquerai qu'il ne connoît point
vos principes économiques. Notre
Auteur lui-même ne diffimule pas
qu'on leve à la Chine quelques impôts indirects que vous blamez ; il
ajoûte , il eft vrai , que c'eft peu de
chofe ; mais ne fe trompe-t-il point ?
Il me femble que dans les relations
que j'ai lues autrefois de cet Empire , j'ai trouvé une capitation qui
forme la branche la plus confidé-
rable de fon revenu. Je crois y
avoir vu que les Villes paient des
tributs ; & n'en doit-on pas conclure
que l'induftrie y eft taxée ? J'ai
encore entendu parler d'une Gabelle
& de quelques Douanes qui fuppo-
fent une maltôte que vous con-
damnez. En vérité , Monfieur ,

comment avez vous pris pour modele de votre politique une adminiſtration où l'on connoit ſi peu les
principes qui vous ſont les plus
chers ? Si après quatre mille ans de
Deſpotiſme légal, la Chine croupit
encore dans une pareille ignorance,
qu'attendez-vous d'un Gouvernement ſi lent à découvrir la vérité, &
à ſe corriger ?

Permettez-moi de vous demander
ce qui arriveroit à l'Empire des
Chinois, ſi ſans rien changer à ſes
mœurs, à ſes loix, à ſes coutumes
ni à ſon Gouvernement, vous par-
tagiez ſeulement ſes Provinces en
pluſieurs ſouverainetés indépendan-
tes. Bientôt vous verrez que ces
mœurs, ces loix, ces coutumes &
ce Gouvernement que vous aimez
tant, ſouffriront pluſieurs altérations. Tout l'édifice ſera ébranlé.
Des Princes dont les beſoins ſeront
plus grands que les richeſſes de leurs
ſujets, ne ſe trouveront plus dans
cette abondance raſſaſiante où eſt
actuellement l'Empereur de la Chine.
Les paſſions de tous ces Princes

dirigeront leur politique ; on fera de la finance & du commerce un art compliqué & ténébreux ; il faudra que les Lettrés renoncent malgré eux à ces belles maximes qu'ils savent aujourd'hui & qui leur deviendront bientôt inutiles. Des Princes qui ne sont pas contens de leur fortune, ne tardent pas à convoiter les terres de leurs voisins ; la guerre va être allumée, les besoins de tous ces Etats se multiplieront, & sous prétexte d'y pourvoir, on ne tardera pas à satisfaire toutes les fantaisies des Souverains.

La Chine a deja pris une face nouvelle, & bientôt elle aura des friches. Le Chinois, incertain de profiter du fruit de ses travaux, ne voudra plus semer pour un autre, & la paresse engourdira ses bras. Le nombre des habitants diminuera à proportion que les friches se multiplieront & que les campagnes lâchement cultivées seront moins fécondes. Il me paroît bien difficile que vous puissiez nier cette suite de dégradations , & j'en conclus que ce n'eſt donc pas à la nature de ſon Gouvernement , que la Chine doit l'état floriſſant de ſon agriculture , mais à des accidents étrangers au Deſpotiſme. Les hommes cultiveront avec ardeur , quand le Gouvernement reſpectera les fonds néceſſaires à l'agriculture , & qu'ils ne ſeront point condamnés à être pauvres au milieu des richeſſes qu'ils auront produites. Pourquoi le Deſpotiſme ſeroit-il plus propre que tout autre Gouvernement à ſe conduire avec la ſageſſe & la modération qui rendent les peuples heureux ? Apprenez moi, je vous prie, par quelles raiſons la liberté dévaſteroit les campagnes. Je vous ai rapporté les accidents qui font fleurir l'agriculture à la Chine ; prouvez-moi à votre tour que ce n'eſt qu'à des haſards extraordinaires que quelques peuples libres, les Grecs par exemple & les Romains , ont dû une population nombreuſe & des récoltes abondantes.

Les Empereurs de la Chine ne

s'étant point portés , faute de befoins , aux excès ordinaires fous un
Gouvernement Defpotique ; il s'eft
enfin établi , à l'égard des impôts
& de toutes les autres branches de
l'adminiftration, une routine qui fe
fait refpecter , & qui a une fauffe
apparence du bon ordre. De-là vient
que leurs Miniftres & les Mandarins
n'exercent qu'une tyrannie fourde ;
ils emploient plutôt la fraude & la
rufe que la violence , parcequ'ils ne
parviennent aux grands emplois ,
qu'après qu'une longue éducation
les a accoutumés à tout craindre.
Il a paru, il y a quelque temps ,
un Roman Chinois ; & dans cet
ouvrage , qui peint fans doute les
mœurs de la Nation , on m'a affuré
qu'on n'y raconte que des malver-
fations & des coquineries clandefti-
nes des Mandarins. Je le crois fans
peine : tout ce qui décele une ame
baffe & ne fuppofe aucun courage ,
doit former leur caractere. Il n'en
coûte rien à notre Auteur d'avancer
qu'on donne les charges aux perfonnes les plus recommandables par

leurs lumieres & leur probité ; mais
pourquoi donc nous apprend-il que
les fortunes font très vacillantes à la
Chine, & qu'il n'y a prefque point
de Mandarin qui ne foit congédié de
fon emploi ? N'eft-ce pas nous dire
que la vertu des Magiftrats eft très
fragile, ou que le Gouvernement eft
extrêmement capricieux : & quelles
conféquences n'en faut-il pas tirer ?
Si nous n'avions pas en Europe des
Univerfités, des examens, des the-
fes, des grades, des atteftations de
vie & de mœurs, on pourroit nous
en faire accroire fur la Chine ; mais
là, comme ici, l'intrigue & le crédit
doivent tenir lieu de mérite, & le
parent d'un Colao ou d'un Mandarin
n'a pas befoin d'être fupérieur à fes
concurrents pour leur être préféré.
Il y a chez les Chinois des Cenfeurs
qu'on nomme Kolis ; ce font des ef-
peces de Commiffaires que l'Empereur envoie dans les Provinces pour
y examiner tout ce qui s'y paffe.
Notre Auteur affure qu'ils font re-
doutables à l'Empereur même & aux
Princes du Sang ; je l'aurois cru, s'il

ne diſoit pas ailleurs que ces Kolis reviennent de leurs commiſſions avec quatre ou cinq cents mille écus de butin.

J'ai de la peine à me perſuader que l'Empereur ( 1 ) ait le temps d'examiner par lui-même toutes les affaires de ſon vaſte Empire, & de recevoir les hommages de cette multitude de Mandarins qu'il nomme aux emplois vacans, ou qui cherchent à y parvenir. Comment veut-on que je croie que l'ordre qui s'obſerve aux Palais eſt ſi merveilleux, & que les Loix ont ſi bien pourvu à toutes les difficultés, que deux heures ſuffiſent chaque jour pour tant de ſoins ? Avec votre permiſſion, Monſieur, c'eſt une choſe impoſſible. L'Empereur ne lit donc pas ces Mémoires innombrables qui lui ſont envoyés tous les jours de chaque partie de l'Empire ; la délation & l'eſpionnage, ordonnés aux Chinois pour l'inſtruction du Souverain, ne ſervent donc qu'à avilir les ames ; le

_________________________

(1) Ephémérides, T. 4, p. 71.

G v

Prince, condamné à ne voir, à ne penser, à ne juger que par ses Colaos, qui abusent de son nom & de son autorité, n'est donc qu'un fantôme de Monarque, malgré les talents que la nature peut lui donner.

Je crois qu'on fait quelquefois des remontrances à l'Empereur ; mais, s'il est impossible qu'il gouverne par lui-même, que sert de lui prouver que ses ordres sont contraires à ses vrais intérêts ? Prenez garde, Monsieur, qu'il ne faut pas citer comme une chose ordinaire, un phénomene unique, ce fait dont j'ai déja eu l'honneur de vous parler, lorsque les Représentants se succéderent les uns aux autres en se dévouant à la mort, & lasserent ainsi l'opiniâtreté du Prince. Les remontrances d'une Nation asservie doivent être insipides & molles. Tout l'art des gens en place à la Chine, consiste à proportionner leurs injustices & leurs vexations à leur crédit & à leurs forces ; faute d'exactitude dans ce calcul, ils exciteroient des plaintes trop aiguës, & l'Empereur pourroit

peut-être y avoir égard dans un moment d'humeur, ou pour fe débarraffer d'un bruit importun. Si, dans
un pays libre, une injuftice particuliere excite une plainte générale, je
vous prie d'obferver qu'il n'en eft
pas de même fous le defpotifme : on
plaint un innocent qui eft facrifié à
la vengeance ou à l'avarice d'un
Mandarin ; mais on le plaint en fecret, chacun fe taît, parcequ'il fe
croit trop heureux de n'être pas à la
place de l'opprimé.

Rien n'eft plus digne d'admiration, dit l'Auteur (1) du Defpotifme
de la Chine, que la façon d'y rendre
la juftice... Pour les affaires d'importance, on peut appeller des juge-
ments des Vice-Rois, aux Cours
Souveraines de Pekin ; ces Cours ne
prononcent qu'après en avoir infor-
mé Sa Majefté, qui quelquefois prononce elle-même après avoir fait
faire toutes les informations convenables. Mais, Monfieur, fouffrez
que je vous dife que cela n'eft pas

---

(1) Ephémérides, T. 4, p. 74.

G vj

admirable, mais très suspect ; & l'Auteur de l'Ordre naturel des Societés a fort raison de ne pas vouloir que son Despote soit Juge : quel scandale pour les jeunes Economistes, que leurs Maîtres se contredisent ainsi !

Voici encore une chose sans doute digne d'admiration. L'Empereur, dit-on (1), nomme un Commissaire pour examiner toutes les causes criminelles : souvent il les adresse à différents Tribunaux, jusqu'à ce que leur jugement soit conforme au sien. Cela ne s'appelleroit-il point mendier ou plutôt dicter un jugement ? Une affaire criminelle, ajoute-t-on, n'est jamais terminée qu'elle n'ait passé par cinq ou six Tribunaux subordonnés les uns aux autres, qui font de nouvelles procédures, & prennent des instructions sur la vie & la conduite des accusés & des témoins. Ces délais, à la vérité, font longtemps languir l'innocence dans les fers ; mais ils la sauvent toujours de l'oppression. Notre Auteur prend un

_______________

(1) Ephémérides, T. 4, p. 77.

peu légérement son parti sur les in-
nocénts de la Chine ; une prison,
des fers ne sont donc pas une oppression. Est-il indifférent aux hommes, que l'innocence subisse pendant
long-temps le sort destiné au crime ?
Voilà donc comment les Loix de la
Chine ne sont autre chose que la
Loi naturelle elle même. Qui ignore
que les longueurs & les délais dans
la forme & la procédure des justices
criminelles , sont un vice énorme
dans la Société ? Il blesse les droits
de l'innocence , & le châtiment, en
venant trop tard , ne produit plus
l'effet salutaire qu'on en attend.

Comment voulez - vous , Monsieur , que je croie que les Loix pé-
nales sont douces à la Chine , quand
je lis la description que notre Auteur
fait lui-même de la maniere dont on
écorche & coupe par morceaux un
homme coupable de trahison ou de
révolte ? Prouve-t-il bien cette prétendue douceur , en disant que le
châtiment le plus léger est la baston-
nade ; & que ce supplice, qui, contre toutes les regles d'une bonne

légiſlation, ne flétrit point celui qui le reçoit, eſt quelquefois aſſez violent pour cauſer la mort ? Il eſt vrai que, pour nous conſoler, on nous avertit que les coupables trouvent moyen de gagner les Exécuteurs qui ont l'art de ménager les coups avec une légéreté qui les rend preſque inſenſibles. Je ne ſuis plus étonné qu'on faſſe uſage, à chaque inſtant, de la baſtonnade qui ne devient qu'une eſpece d'amende ; mais que puis-je penſer du caractere & des mœurs des Chinois qu'on n'a pas imaginé de conduire par des ſentimens d'honneur ? Ces graves Mandarins, qui ont quelquefois eux-mêmes la baſtonnade, ſont trop aviſés pour ne pas s'appercevoir qu'on n'exécute point réguliérement leurs ordres ; & ce ſeroit le dernier terme de la corruption, de la lâcheté & de l'infamie, s'ils partageoient les profits des Exécuteurs de la Juſtice. Notre Auteur ajoute que ſouvent des hommes ſe louent volontiers pour ſupporter le châtiment à la place des coupables. La plus vile canaille, en

Europe n'est pas capable de cet avilissement. L'évidence tolére-t-elle à la Chine un pareil abus ? Quelle idée les Magistrats y ont-ils des Loix, de la Justice & des châtiments ? Et quel jugement devons-nous porter de ces prétendus sages ?

Permettez - moi actuellement de demander à l'Auteur du *Despotisme de la Chine*, pourquoi les Chinois, ainsi qu'il le prétend, ne seroient pas aussi vicieux dans l'intérieur de l'Empire, qu'ils le sont à Canton. Nous pouvons avoir communiqué quelques-uns de nos vices à ceux qui commercent avec nous, soit ; mais nous ne méritons pas tous les reproches que les Voyageurs leur font. Dans aucun pays, la générosité n'est l'esprit du commerce ; cependant les Commerçans d'Europe traitent avec bonne foi, & ceux de la Chine sont les fripons les plus impudents & les plus adroits de toute l'Asie. Si le Gouvernement étoit aussi attentif qu'on l'assure à rendre les Citoyens honnêtes gens, il ne sacrifieroit pas leurs mœurs aux profits

du commerce, & ne souffriroit pas
que les villes maritimes devinssent
une école de corruption. Les relations des Missionnaires ne vous sont-
elles pas suspectes ? Ils ont vu à la
Chine je ne sais quoi de monacal, &
ils en ont été enchantés. Une fausse
apparence d'ordre, d'exactitude, de
politesse & d'humilité, les a empê-
chés d'appercevoir une servitude véritable & les vices abjects qui l'accompagnent. Mais je veux bien m'en
rapporter aux Missionnaires. Si j'ai
bonne mémoire, c'est dans le Pere
le Comte que notre Auteur a puisé
la plûpart de ses remarques sur la
Chine, & les principes mêmes de
son systême despotique. Cet Ecri-
vain, qui par conséquent ne peut
vous être suspect, ne nous peint-il
pas les Chinois comme des hommes
dévorés par la soif de l'argent ? Cent
fois il parle des excès où les porte
l'avarice. La plus honteuse corruption regne dans le Conseil du Prince
& dans les Cours Souveraines de
Pekin. Les Colaos & les Mandarins
de la Capitale mettent à contribu-

tion les Gouverneurs & les Mandarins des Provinces. Tout homme
public est perdu s'il n'achete pas la
protection de son supérieur, & il s'en
dédommage sur ses inférieurs. Le Pere
le Comte paroît faire un cas extrême
de l'hypocrisie; & quand on examine
bien ses relations, on voit que c'est
la seule vertu qu'il accorde aux Chinois ; & c'est en effet la seule que
peut leur donner leur misérable Gouvernement.

Qu'on ne nous propose plus ce
peuple comme un modele. Pour me
convaincre de sa prétendue vertu,
on a beau me dire que toutes ses
Loix (1) se trouvent dans l'admirable
Livre de l'U-King, & qu'il n'a pas
moins de vénération pour cet Ouvrage, que les Juifs pour l'Ancien-
Testament, les Chrétiens pour le
Nouveau, & les Turcs pour l'Alco-
ran. Mais, sans parler, Monsieur,
des Juifs & des Mahométans, comment, je vous prie, sommes-nous
Chrétiens ? Respecter l'Evangile, &

_______________________

(1) Ephémérides, T. 4, p. 44.

obſerver ſes préceptes, ce n'eſt pas
la même choſe. Quand l'U-King ſeroit le commentaire le plus parfait
de la Loi naturelle, ce que je ne
crois pas ; quand les Chinois l'auroient continuellement dans les
mains, & qu'ils y trouveroient toutes les regles de leurs devoirs publics
& privés, j'aurois encore quelque
répugnance à croire que ce Livre
pût les délivrer des vices que leur
gouvernement leur rend néceſſaires.

On nous dit (1) que les paſſions
des hommes qui forcent l'ordre, ne
ſont pas des vices du gouvernement
qui les réprime. J'en conviens, Monſieur, pourvû que les paſſions ſoient
en effet réprimées, & qu'il y ait peu
de coupables ; mais, ſi ces paſſions
dangereuſes forment le caractere
général de la Nation, je dirai har-
diment que le gouvernement eſt vicieux. Les hommes réfractaires,
ajoute-t-on, qui deshonorent l'humanité, peuvent ils ſervir de prétexte pour décrier un Gouverne-

______

(1) Ephémérides, T. 4, p. 43.

ment ? Sans doute, Monsieur, car un Gouvernement n'eſt pas bon parcequ'il prononce une Loi contre un déſordre, mais parcequ'il eſt en état de la faire obſerver. Un bon Gouvernement ne ſe borne pas à punir les crimes ; il les prévient en donnant de bonnes mœurs. En voilà aſſez, & peut-être trop ſur les Chinois : j'en reviens, Monſieur, à l'ordre naturel des Sociétés.

# LETTRE VI.

*Eſt-il vrai que la puiſſance légiſlative & la puiſſance exécutrice ſoient ſi néceſſairement unies, qu'on ne puiſſe les ſéparer ?*

JE craindrois de vous fatiguer, Monſieur, & de vous ennuyer, ſi je me faiſois une loi de ſuivre pas à pas l'Auteur de l'Ordre naturel des Sociétés, &, à ſon exemple, d'abandonner & de reprendre cent fois les mêmes choſes. Je ne vous proposerai point mes doutes sur une foule de paſſages que je n'entends point du tout, ou que je crains de mal entendre : des arguments qui ne ſont pas clairs ne ſont pas ordinairement d'une grande force. Il ſuffira de nous arrêter à ce qui regarde les queſtions les plus eſſentielles & qui ont un rapport plus marqué avec le Deſpotiſme légal ; telle eſt celle de l'union ou de la ſéparation de la puiſſance légiſlative & de la puiſſance exécutrice.

*Dicter des loix*, dit notre Auteur (1), *c'eſt commander de faire ou de ne pas faire telle ou telle choſe ; & par la raiſon que nos paſſions ſont trop orageuſes pour que le droit de commander puiſſe exiſter*, c'eſt-à-dire, produire l'effet que la Société en attend, *ſans le pouvoir phyſique de ſe faire obéir, le droit de dicter des loix ne peut exiſter*, c'eſt-à-dire produire l'effet que la Société en attend, *ſans le pouvoir phyſique de les faire obſerver ; il ne peut donc jamais*

______

(1) Chap. 14, p. 170.

être séparé de l'administration de la
force publique & coercitive. Si par
l'administration de la force physique
& coercitive, notre Auteur entend
la faculté de disposer directement
par soi-même, ou par le ministere
du Magistrat, de l'emploi des forces
physiques de la Société ; il a sans
doute raison d'assurer que la puissance législative ne peut point être séparée de l'administration de la force
publique & coercitive, c'est-à-dire,
que la puissance législative doit toujours avoir la disposition & la
Surintendance générale des forces.
A quoi serviroit en effet qu'elle fît
des loix, si par une de ses loix
mêmes elle ne distribuoit les forces
de l'Etat en différentes mains, &
n'en donnoit aux Magistrats la portion nécessaire pour faire obéir les
Citoyens ? Mais si notre Auteur
entend que, *quel que soit le dépositaire ou l'administrateur de la force
publique, le pouvoir législatif est son
premier attribut,* je croirois qu'alors
cette proposition est une erreur à
laquelle il est même difficile de

donner quelque apparence de vérité.

Voulez-vous vous en convaincre, Monsieur ? vous n'avez qu'à jetter les yeux sur la premiere République ancienne ou moderne qui se présentera à votre mémoire. Vous verrez par-tout un Conseil général qui a seul le pouvoir de faire des loix , & qui confie la force coercitive aux Magistrats qu'il institue pour veiller en son nom à la conservation des loix & de l'ordre qu'il a établis. Comment pourroit-on regarder l'acte même par lequel ce Conseil exerce la Souveraineté la plus entiere , comme un acte d'abdication par lequel il se dépouilleroit de tout son pouvoir ? En vertu de quel titre , des Magistrats à qui il reste le sens commun , prétendroient-ils qu'ils sont les maîtres des loix , parcequ'on les en a faits les Ministres? Songez que si la puissance législative ne peut pas être séparée & distinguée de la puissance exécutrice , vous vous donnez inutilement bien de la peine pour établir un

Despotisme légal. Quelque merveilleux que soit l'Empereur de la Chine, il ne lui est pas plus possible qu'au Conseil général d'un République, d'exercer par lui-même la puissance exécutrice ; il ne peut pas tout voir, tout faire, ni être présent par-tout. Cependant il est toujours Souverain Législateur, & la puissance législative dont il est revêtu, ne passe point aux Tribunaux, aux Vices-Rois & aux Mandarins qu'il a chargés de veiller à l'observation des loix, & à qui il donne les forces nécessaires pour les faire exécuter ; il n'est donc pas vrai que *la puissance exécutrice, celle qui dispose des forces physiques, soit toujours nécessairement puissance législative.*

C'est une chose incroyable que les raisonnements de notre Auteur pour prouver son opinion. *Si pour former*, dit-il, (1) *deux puissances, on place dans une main le pouvoir législatif, & dans une autre le dépôt*

______

(1) Chap. 14, p. 170.

*de la force publique*, à laquelle des
deux faudra-t-il obéir, lorsque les loix
de la premiere & les commandements
de la seconde seront en contradiction?
Belle demande! Je suis surpris qu'on
la fasse encore, puisque les Législateurs dans tous les Etats y ont répondu déja un million de fois, &
qu'il implique contradiction que la
puissance législative fasse des loix,
& permette au Citoyen de les
violer par condescendance pour la
puissance exécutrice. *Si l'obéissance
alors reste arbitraire*, continue notre
Auteur, *tout sera dans la confusion;
& comme on ne peut obéir en même-
temps à deux commandements contradictoires, il faut qu'il soit irrévoca-
blement décidé lequel doit être exécuté
par préférence.* Aussi, Monsieur,
cette question est-elle décidée depuis bien des siécles par le sens
commun; & pour mieux me faire
entendre, je vais distinguer différentes circonstances où je puis me
trouver. Si j'ai le malheur de vivre
dans un Etat où les loix méprisées
soient sans force, & que je ne
puisse

puiffe en réclamer la protection, il faut bien, à moins que je ne veuille faire mal à propos le héros, que j'obéiffe aveuglément à celui qui m'accable du poids de fon pouvoir ; & la Société dans cette fituation n'étant plus qu'un affemblage d'oppreffeurs & d'opprimés , je n'ai befoin que de docilité à l'égard de mon Supérieur immédiat , & je ne réponds point de la juftice de fes ordres.

Mais dans quelque Royaume ou République que je me fuppofe, fi les loix n'y font pas un vain nom, fi elles confervent une véritable autorité , j'obéirai à la puiffance légiflative préférablement à celle qui eft chargée de faire exécuter les loix : je ferai ce que vous préfumez fans doute que fait un Chinois qui vit fous la protection d'un fage Gouvernement. Quand le Gouverneur de ma Province me vexera & me punira d'une maniere contraire aux loix, je me pourvoirai contre la puiffance exécutrice par devant la puiffance légiflative, je demanderai que celle-ci décide fi

H

l'autre a fait fon devoir, & j'obtiendrai une réparation proportionnée à l'injuftice que j'aurai foufferte. Quand la puiffance exécutrice m'ordonnera de faire une chofe contraire aux loix, je refuferai d'obéir ; fi elle veut m'y contraindre par la force, j'aurai mon recours à la puiffance légiflative ; & je vous demande à mon tour, Monfieur, quelle confufion il réfultera de cette conduite. Remarquez au contraire qu'il naîtroit de grands défordres & une extrême oppreffion, fi les deux puiffances qu'il faut féparer, étoient confondues dans la même main, ou comme vous le prétendez, fi le droit de faire des loix appartenoit néceffairement aux Magiftrats revêtus de la force néceffaire pour y faire obéir. Je me trouverois alors dans la Société fans y pouvoir jouir des avantages de la Société ; je craindrois alors avec raifon que la puiffance exécutrice, confondue avec la puiffance légiflative, ne fût plus foumife à aucune cenfure. Que deviendroit alors un Citoyen ?

Pour vous faire abandonner le paradoxe étrange de notre Auteur, ne vous suffit-il pas de remarquer que dans tous les Etats où les Magiftrats n'ont pas répondu de leur conduite à la puiffance légiflative, on a vu s'élever peu-à-peu la tyrannie la plus accablante ?

Pourquoi donc feroit-il impoffible de décider à qui il faut obéir de la puiflance légiflative ou de la puiffance exécutrice, quand leurs ordres font contradictoires ? Notre Auteur prétend (1) qu'on ne peut le faire *fans détruire une de ces deux puiffances, pour n'en plus reconnoître qu'une feule dominante, à la voix de laquelle toutes les volontés, toutes les forces doivent fe rallier pour faire exécuter conftamment fes commandements, fans que rien puiffe en empêcher.* Tout cela, je vous l'avoue, Monfieur, me paroît fi extraordinaire, que je crains toujours de me tromper en étudiant l'*Ordre naturel des Sociétés*, & de ne pas affez bien entrer dans la

_______________

(1) Chap. 14, p. 171.

H ij

penſée de ſon Auteur. Si par puiſſance légiſlative & par puiſſance exécutrice il n'entend que ce que tous
les Politiques ont entendu juſqu'ici,
je ne pénetre point les raiſons qui
le portent à croire que ces deux
puiſſances doivent être néceſſairement confondues ; s'il attache à ces
deux mots d'autres idées, il auroit
dû avoir la bonté de nous en avertir. Quoi qu'il en ſoit, la puiſſance
légiſlative & la puiſſance exécutrice ſubſiſteront à la fois & ſépa-
rément, dès qu'il ſera reglé que le
Citoyen doit obéir aux Magiſtrats,
& que les Magiſtrats obéiront à
leur tour à la puiſſance légiſlative
ſous peine d'être punis s'ils violent
cette loi, & de réparer le mal qu'ils
auront fait. Cela me paroit clair
comme le jour. La puiſſance exécutrice ſera l'organe & le miniſtre
de la puiſſance légiſlative ; voilà
leurs fonctions bien diſtinctement
déſignées, diſtinguées & ſéparées,
& cet ordre ſubſiſtera ſans peine,
ſi la Société a pris avec prudence
quelques meſures pour le conſerver.

Pourquoi donc nous assure-t-on, Monsieur (1), que *quelques tournures, quelques modifications qu'on veuille donner à un tel système*, c'est-à-dire, de tenir séparées la puissance législative & la puissance exécutrice, *il arrivera nécessairement que ces deux autorités se réuniront & se confondront dans une seule ; que la puissance législative deviendra puissance exécutrice, ou que la puissance exécutrice deviendra puissance législative ?* Pour ce qui suit, Monsieur, c'est un mêlange si confus d'idées disparates & décousues, que je n'ose vous en demander l'interprétation, je craindrois de vous donner inutilement trop de peine.

Je vais tâcher de deviner notre Auteur. S'il a remarqué que chez tous les peuples la puissance exécutrice se contient difficilement dans les bornes qui lui sont prescrites, & a toujours tendu à dépouiller la puissance législative de ses droits ; s'il a remarqué qu'elle a souvent réussi dans ses entreprises : rien n'est

___

(1) Chap. 14, p. 172.

plus juste que cette observation.
On trouve dans le cœur humain
les causes de ces révolutions que
l'histoire présente de toutes parts ;
pourquoi voudroit on que les paffions ne féduififfent pas les Magiftrats
comme elles féduifent les fimples
Citoyens ? Voyez une démocratie,
à peine le peuple a-t-il créé des
Magiftrats pour être fes Miniftres,
qu'ils forment le projet de devenir
fes maîtres. La puiffance exécutrice
cherchera tous les moyens poffibles
pour manquer à fes devoirs, elle
affectera de nouveaux droits ; elle
profitera de toutes les diftractions
du peuple pour fe rendre propre
l'autorité dont elle ne jouit que
comme déléguée & d'une maniere
précaire. Rufes, fineffes, force,
violence, féduction, corruption,
ces moyens feront employés tour
à tour & fouvent à la fois ; & fi
le peuple ne donne pas une attention conftante à fes affaires, il fera
enfin dépouillé de la puiffance légiflative, &, de Souverain de fes
Magiftrats, deviendra leur Sujet.

Les mêmes passions qui dénaturent le Gouvernement populaire, dénatureront aussi l'aristocratie, si les familles qui se sont emparées de la puissance législative, n'ont pas plus d'habileté & de sagesse que le peuple. Qu'elles ne se défient pas de l'ambition de leurs Magistrats, & bientôt vous verrez que le Gouvernement deviendra oligarchique. Ces nouveaux tyrans ne s'accommoderont pas long-temps du partage de l'autorité dont ils seront convenus ; leur jalousie les divisera, leurs divisions établiront la Monarchie ; & le Prince qui possédera la puissance législative, la verroit bientôt échapper de ses mains, si n'étant pas dans une défiance continuelle des personnes qu'il arme de son pouvoir & de ses forces pour faire exécuter les loix qu'il a faites, il ne les contenoit toutes les unes par les autres, & ne forçoit ainsi la puissance exécutrice à lui toujours obéir.

Telle est la marche éternelle des passions : l'Histoire de tous les peu-

H iv

ples en fait foi. Mais de ce que la puiſſance exécutrice fait des efforts conſtants & continuels pour ſecouer le joug de la puiſſance légiſlative & s'emparer de ſes droits ; il ne s'enſuit pas , Monſieur , que la politique ne puiſſe prendre que des meſures inutiles pour tenir ces deux puiſſances toujours ſéparées, & empêcher qu'elles ne ſe confondent.

Je vous prie de remarquer que rien n'eſt plus aiſé dans une Monarchie. Quelle difficulté y a-t-il à partager la puiſſance exécutrice en un ſi grand nombre de branches, que toutes aient les forces néceſſaires pour s'acquitter des fonctions dont le Prince les charge , & qu'aucune cependant ne ſoit aſſez forte pour concevoir l'eſpérance d'abaiſſer ſon Maître & d'occuper ſa place ? Cette politique n'a pas manqué d'être miſe en pratique chez vos amis les Chinois. *Il y a à Pékin*, dit l'Auteur (1) du Deſpotiſme de la Chine , *ſix Cours Sou-*

______

(1) Ephémérides, T. 4, p. 54.

veraines dont voici les départements ;
la premiere s'appelle Lii - Pou , elle
propofe les Mandarins qui doivent gouverner le peuple , & veille à la conduite de tous les Magiftrats de l'Empire ; elle eft auffi dépofitaire des Sceaux.
La feconde , nommée Xou-pou , eft chargée de la levée des tributs , & de la direction des finances. La troifieme , à qui
on donne le nom de Li-pou , eft établie
pour maintenir les coutumes & les titres
de l'Empire. Les foins de la quatrieme ,
qu'on appelle Ping-pou , s'étendent fur
les troupes & fur les poftes établies dans
toutes les grandes routes qui font entre-
tenues des revenus de l'Empereur. Le
Hing-pou , qui eft la cinquieme , juge
des crimes ; toutes les caufes capitales y
font jugées définitivement ; c'eft la feule
qui ait droit de condamner à mort fans
appel ; mais elle ne peut faire exécuter
un criminel , qu'après que l'Empereur a
foufcrit l'arrêt.

Je vous prie de lire encore quelques pages, Monfieur , & vous verrez (1) que l'Auteur loue cet arrange-

____

(1) Ephémérides, T. 4, p. 69.

H v

ment comme un *des mieux raiſonnés
pour empécher que ces Corps ne puiſſent
donner atteinte à l'autorité Impériale,
ou machiner contre l'Etat ; & qu'on a
partagé tellement les objets ſur leſquels
s'étend leur pouvoir, qu'ils ſe trouvent
tous dans une dépendance réciproque.*
Avec cette politique ſi bien raiſon-
née, comment voudriez-vous que,
pour ſe conformer à la regle de votre
ordre naturel des Sociétés, la puiſſance légiſlative & la puiſſance exécutrice ſe confondiſſent à la Chine ?
Il n'eſt pas poſſible que ces Tribunaux forment le projet de devenir
Légiſlateurs ; il n'eſt donc pas poſſible que la puiſſance exécutrice devienne à la Chine puiſſance légiſlative. Il eſt impoſſible que l'Empereur, quoiqu'un être aſſez merveilleux pour tout voir par lui-même,
& gouverner ſon Empire avec deux
heures de travail par jour, puiſſe
s'aviſer de faire exécuter par lui-
même les Loix qu'il aura dictées
comme Légiſlateur ; il eſt donc impoſſible qu'à la Chine la puiſſance
légiſlative devienne puiſſance exé-

cutrice. Voilà donc un pays où l'on a trouvé les *tournures* & les *modifi- cations* nécessaires pour empêcher que la puissance législative & la puissance exécutrice ne se confondent. Ce se- cret si bien raisonné des Chinois, c'est une chose commune dans les Monarchies. Je n'examinerai pas la constitution de celles qui sont sous nos yeux, pour vous prouver cette vérité ; mais, si vous trouvez quel- que exception, je vous prie de me la citer, & je ferai très reconnois- sant des peines que vous vous serez données.

Sans doute, Monsieur, que dans vos recherches, vous trouverez des Monarchies où le Prince, par né- gligence, par inconsidération ou par foiblesse, a laissé prendre à quelque branche de la puissance exécutrice, assez de crédit pour se rendre indé- pendante ; mais, dans ce cas là mê- me, vous ne verrez jamais qu'il en ait résulté une puissance unique. Il sera né de ce dérangement des trou- bles, des désordres, des guerres ci- viles ; quelquefois un Maire du Palais

se sera emparé de la Couronne, ou
le Gouvernement aura pris une forme nouvelle. Tantôt la puissance législative aura été partagée, comme
en Angleterre, entre la Nation & le
Roi; tantôt elle aura été transportée
à la Noblesse, au Clergé ou à tous
les Ordres de l'Etat, parcequ'ils auront tous également contribué à la
révolution; mais la puissance législative & la puissance exécutrice res-
tent toujours séparées.

J'avoue, Monsieur, qu'il n'est pas
aussi facile aux Républiques qu'aux
Monarchies de trouver les *tournures*
ou les *modifications* nécessaires pour
empêcher que ces deux puissances
ne se confondent. Chez les peuples
libres, le Corps législatif, n'étant
composé que de Citoyens qui obéis-
soient avant que de s'assembler, &
qui obéiront encore après s'être séparés, n'offre point cet éclat, cette
pompe, cette majesté qui imposent
dans une Monarchie. La puissance
législative s'éclipse en quelque sorte
dans les Citoyens, dès qu'ils cessent
de faire les fonctions de Législa-

teurs ; & les feuls Magiftrats paroif-
fent alors revêtus de tout le pouvoir
public. Dans les Monarchies, au
contraire, la puiffance exécutrice
n'eft rien, on n'y craint que le
Prince ; &, dans les hommes qu'il
emploie, on ne voit que les inftru-
ments de fon autorité, qu'il peut
brifer à fon gré. Malgré cette différence, il n'eft cependant pas impoffible à une République d'imaginer
des *tournures* & des *modifications* qui
affurent à la puiffance légiflative,
fur la puiffance exécutrice, la même
fupériorité qu'elle a naturellement
dans une Monarchie, & par confé·
quent qu'elles reftent toujours fépa-
rées.

Un peuple libre, qui feroit affez
fimple pour partir de vos principes
fur la force irréfiftible de l'évidence,
qui croiroit bonnement qu'elle entraîne, fubjugue & foumet néceffairement tous les efprits, & néglige-
roit de prendre des précautions contre l'ambition de fes Magiftrats, fous
prétexte qu'il eft évident qu'ils doivent refpecter les Loix, & y obéir ;

je ne doute point qu'il ne vît bientôt détruire sa liberté par la puissance exécutrice. Mais, pour savoir si la puissance législative & la puissance exécutrice se confondent toujours dans une République, il ne doit pas être question, entre l'Auteur de l'Ordre naturel & moi, d'une Société qui s'endormiroit sur la foi trompeuse de l'évidence, pour se réveiller esclave. Supposons donc que n'étant pas stupide à force de Philosophie, elle est encore capable d'entendre raison, & de prendre des mesures propres à conserver sa liberté.

Messieurs, dirai-je à ce peuple, tous vos raisonnements sont fort beaux, vous argumentez à merveille sur le pouvoir de l'évidence ; mais il y a un petit malheur en tout ceci, c'est que ce sont les passions, & non pas l'évidence, qui gouvernent le monde. Que penseriez-vous d'un Législateur qui, au lieu de faire des Loix, & de les faire observer en intéressant nos passions par l'attrait des récompenses & la crainte des châtiments, se contenteroit de prou-

ver, d'une maniere claire & évidente, que telle action est honnête,
& que telle autre est mauvaise ? Voulez-vous être libres, & contenir la
puissance exécutrice dans les bornes
que lui prescrit le bien public ? com-
mencez donc par douter du pouvoir
que l'évidence exercera sur vos Magistrats ; défiez-vous de son crédit,
& craignez beaucoup l'empire que
les passions ont sur notre esprit.
Voyez, examinez, recherchez si,
par le secours de quelque *tournure*
ou de quelque *modification*, vous ne
pouvez pas protéger efficacement la
puissance législative, & la défendre
contre les entreprises & les rapines
de la puissance exécutrice. Il me
semble que c'est l'espérance du succès qui nourrit & enflamme les passions ; ôtez donc à vos Magistrats
l'espérance de pouvoir réussir en
conjurant contre la République, &
vous réduirez leurs passions à se
conformer à l'ordre. Mais, comment
s'y prendre, me direz-vous, pour
ôter cette espérance ? Je vous réponds que les moyens en sont sim-

ples. D'abord, qu'aucun Magistrat n'ait un assez grand pouvoir pour trouver, dans l'exercice même de ce pouvoir, la faculté de l'accroître; multipliez donc vos Magistrats, formez, à l'exemple des Chinois & de toutes les Monarchies, différents départements qui *seront dans une dépendance réciproque*. En second lieu, ne rendez pas vos Magistratures assez longues, pour que vos Magistrats aient le temps de former & de conduire à leur maturité des projets nuisibles à la République ; qu'ils n'aient pas le temps de s'accoutumer tellement à leur autorité, qu'ils ne puissent la voir expirer sans chagrin. Vous devez donc arranger de telle façon les ressorts de la puissance exécutrice, que vos Magistrats, après un temps court & marqué, se retrouvent confondus dans la classe des simples Citoyens, & n'aient d'autre ambition que de se rendre dignes des suffrages du public, pour mériter une seconde fois les honneurs de la Magistrature.

Quand on partira du principe faux

de la toute puiſſance de l'évidence, pour gouverner les hommes, je conviens qu'il eſt impoſſible que la puiſſance exécutrice ne s'empare pas des droits de la puiſſance légiſlative, & il en réſultera un deſpotiſme arbitraire ; mais rien n'eſt plus aiſé à prévenir dans le ſyſtême de la nature, c'eſt à-dire, dans un ſyſtême qui voit & juge les paſſions telles qu'elles ſont. Quel danger pouvez-vous craindre, Monſieur, pour la puiſſance légiſlative, quand un peuple ſe ſera mis en garde contre les paſſions de ſes Magiſtrats ? Pour que les deux puiſſances dont nous parlons, ne ſe confondent pas dans une République, tout l'art conſiſte à partager la puiſſance exécutrice en autant de branches différentes que la Société a de beſoins différents. Imitez les Romains qui eurent un Sénat, des Conſuls, des Cenſeurs, des Préteurs, des Ediles, des Queſteurs, des Pontifes, des Tribuns, & quelquefois des Dictateurs. Tant que la puiſſance exécutrice fut ainſi partagée entre ces différents Magiſtrats, la puiſſance légiſlative leur confia ſans danger les forces dont chacun d'eux avoit beſoin pour remplir ſes fonctions. L'autorité trop conſidérable qu'acquirent les Proconſuls, rompit cet équilibre; tout ſe confondit alors; la Nation ne fut plus la maîtreſſe de ſes Loix, parceque quelques-uns de ſes Magiſtrats, ſans pouvoir & ſans force, ne purent plus les faire obſerver, tandis que d'autres s'étoient rendus aſſez conſidérables pour les violer impunément; & le deſpotiſme ſuccéda à la liberté.

Je devrois peut-être, Monſieur, vous propoſer quelques idées qui ſe préſentent à mon eſprit ſur la ſéparation & l'union des deux puiſſances dont nous parlons; je devrois peut-être rechercher dans quelles circonſtances la puiſſance légiſlative eſt ménacée d'être engloutie par la puiſſance exécutrice, & dans quelles conjonctures celle-ci eſt à ſon tour expoſée à voir anéantir l'exercice de ſes fonctions; peut-être devrois-je auſſi entrer dans quelques détails des moyens que la politique a ima-

ginés pour tenir séparés deux pouvoirs qu'elle craint de voir réunis ;
mais ces observations ou ces réflexions me meneroient trop loin.
Qu'il me suffise de remarquer que
de la réunion de ces deux puissances
résulteroit le Despotisme le plus
arbitraire & le plus accablant. Notre
Auteur n'y a pas assez réfléchi :
comment n'a-t-il pas vu que tous
ces Magistrats , dont il implore
le secours contre les surprises faites
à la puissance législative , lui deve-
noient inutiles , si son Despote avoit
dans les mains toute la puissance
exécutrice ? Le Législateur fait des
loix générales , & le Magistrat donne
des ordres particuliers en conséquence de ces loix ; mais si le même
homme est Législateur & Magistrat,
soyez persuadé qu'il ne se donnera
bientôt plus la peine de faire des
loix & qu'il trouvera plus commode
& plus doux de donner des ordres.
Les loix anciennes ne seront plus
observées , tout dépendra du caprice des passions ; vous & l'évidence , vous aurez beau avertir

votre Defpote d'être légal, il deviendra arbitraire. Ce font-là des vérités dont on ne peut douter, pour peu que l'on connoiffe la nature de notre cœur & de notre efprit.

# LETTRE VII.

*Pourquoi la puiſſance légiſlative , établie pour faire le bonheur des hommes, fait ſi ſouvent leur malheur. Examen des raiſonnements de notre Auteur, pour prouver que le pouvoir légiſlatif ne peut être exercé par la Nation en corps.*

JE ſerois trop long, Monſieur, ſi je voulois faire un examen détaillé & rigoureux du quinzieme Chapitre de l'Ordre naturel des Sociétés , & vous demander ſi je me trompe toutes les fois que je crois y voir un paralogiſme ou ce qu'on appelle un cercle vicieux. Je me bornerai à vous prier de vouloir bien me donner quelques éclairciſſements ſur les endroits qui tiennent le plus directement au ſyſtême de notre Auteur , & qui doivent ſervir de fondement à ſon Deſpotiſme légal.

*Le pouvoir légiſlatif* , dit-il (1) ,

_______________________________________

(1) Chap. 15, p. 184.

*n'est point le pouvoir de faire arbi-*
*trairement des loix évidemment mau-*
*vaises, évidemment destructives des biens*
*qu'on attend de l'exercice de ce pou-*
*voir & qui sont l'objet de son institu-*
*tion. Les hommes en se réunissant en*
*sociétés particulieres pour être heureux,*
*n'ont pû se proposer un établissement*
*qui dût évidemment & nécessairement*
*les rendre plus malheureux : une con-*
*tradiction si sensible, si évidente entre*
*la fin & les moyens, n'est pas dans*
*l'humanité : nous pouvons bien nous*
*tromper, ne pas nous rendre à l'évi-*
*dence faute de la connoître.* Tout cela
est vrai. *Mais,* ajoute notre Auteur, *
*nous n'allons pas jusqu'à la contredire*
*sciemment & de propos délibéré ; &*
*quand nous avons formé une volonté,*
*il n'est pas en nous de prendre pour*
*arriver à notre but, une voie qui nous*
*en écarte évidemment.* Tout ceci demande un commentaire.

Dans mon système de la communauté des biens & de l'égalité
des conditions, ce raisonnement
seroit fort bon, parceque tous les
Citoyens n'auroient qu'un intérêt,

& ce feroit le bien public auquel
le bien particulier ne feroit jamais
obftacle. Mais, Monfieur, ce même
raifonnement me devient très fuf-
pect dans votre fyftême, où vous
regardez la propriété fonciere &
l'inégalité des conditions comme le
double fondement de la Société.
Remarquez qu'alors chaque Citoyen eft partagé entre deux intérêts, l'avantage général de la Société & fon avantage particulier.
Que doit-il réfulter du conflit de ces
intérêts oppofés ? Que le Citoyen
perdra fouvent de vue le bien général pour ne s'occuper que de fon
bien particulier ; & par une conféquence néceffaire , que la loi qui
le favorifera aux dépens de la Société , lui paroîtra la plus jufte &
la plus fage , ou du moins qu'il l'ai-
mera autant que fi la juftice la
plus exacte l'avoit dictée. Il n'eft
donc pas vrai que l'homme foit
toujours obligé de céder à l'évidence connue du bien public , puif-
qu'il trouve dans fon bien particulier un principe de réfiftance & de

contradiction qui lui fait souhaiter
que la Société lui soit sacrifiée.
Dans un Etat où je supposerois tous
les hommes animés du bien public,
ils le feroient infailliblement , car
il leur seroit impossible de prendre ,
pour arriver au but qu'ils se propo-
sent , une voie qui les en écarte-
roit évidemment ; mais dans un Etat
au contraire où une politique vicieuse & négligente donneroit aux
Citoyens des intérêts opposés à
ceux de la Société , il doit régner
une extrême confusion ; parceque
préférant leurs avantages particuliers à l'avantage général , il ne leur
seroit pas possible de les sacrifier au
bien public.

C'est cet intérêt particulier , toujours ou presque toujours opposé
à l'intérêt général , qui a détourné
presque continuellement la puissance
législative de la fin qu'elle devoit
se proposer & pour laquelle elle a
été établie : voilà la véritable source
de toutes ces loix grossieres , barbares & odieuses qui ont désolé ,
qui désolent & qui désoleront encore

core la terre. Ne comptez donc
plus, Monfieur, fur l'évidence qui
accompagne les établiffements utiles
à la fociété, à moins que vous
n'ayiez établi de telle maniere la
puiffance légiflative, qu'elle ne puiffe
être féduite, déterminée & conduite par un intérêt particulier. A
l'évidence du bien général n'oppofez point l'évidence du bien particulier, fi vous ne voulez pas que
le premier foit facrifié au fecond.
Quand le Légiflateur pourra féparer fes intérêts de ceux de la Société, foyez fûr que la puiffance
légiflative ne fera pour ainfi dire
occupée qu'à former des conjurations contre la Société. Tandis
qu'elle ne cherchera qu'à intéreffer
en fa faveur un grand nombre de
partifans & de défenfeurs, avec
lefquels elle partage les profits
qu'elle attend d'ure loi injufte &
deftru. ive de l'ordre, elle fera un
étalage faftueux de fes forces &
de fon pouvoir pour confterner &
forcer à un ftupide filence la portion

I

de la Société qu'elle immole à fes intérêts particuliers.

Après ces réfléxions , je vois évidemment que le feul moyen infaillible d'empêcher que la puiffance légiflative ne s'écarte des regles qui lui font prefcrites , c'eft d'établir la communauté des biens & l'égalité des conditions ; parcequ'il n'y a que ce feul arrangement qui puiffe détruire ces intérêts particuliers qui triompheront toujours de l'intérêt général. De cette premiere vérité , je fuis en droit de conclure que notre Auteur ne nous préfente point dans fes écrits l'ordre auquel la nature nous appelle ; au lieu même de nous en rapprocher autant qu'il eft poffible aujourd'hui & de nous dire que le meilleur Gouvernement eft celui qui a pour bafe la démocratie , il ne travaille qu'à nous en éloigner , en voulant nous perfuader qu'une inftitution qui faifoit des Héros chez les Grecs & les Romains, c'eft-à-dire , des hommes toujours difpofés à préférer le bien général

à leur avantage particulier , n'eſt
que l'ouvrage de l'ignorance & de
la barbarie. Dans ce ſyſtême , il
me ſemble , Monſieur , que tout
doit vous embarraſſer : tandis que
l'hiſtoire ne m'offre aucun phénomene que je ne puiſſe aiſément
expliquer ; elle eſt une énigne perpétuelle pour notre Auteur , &
dément à chaque page tout ce qu'il
dit de plus fort en faveur de ſon
ſyſtême.

*Si un Deſpote Aſiatique* , dit-il (1) ,
*me ſoutenoit qu'il eſt en droit de faire
une loi évidemment mauvaiſe , je lui
dirois : ſi vous en pouvez une , vous
en pouvez deux , vous les pouvez toutes
quelles qu'elles ſoient : eſſayez donc
d'en faire une pour permettre l'homicide volontaire , ou pour défendre de
cultiver. Là ſans doute ſes prétentions
s'arrêteroient ; & dans la raiſon qu'il
ſentiroit de lui-même pour ne pas ſe
porter juſqu'à cet excès , je puiſerois
des arguments ſimples , mais invincibles
qui lui feroient comprendre que dans*

______

(1) Chap. 15, p. 180.

*aucun cas son autorité ne peut empiéter sur le domaine de l'évidence.*

N'est-ce point là ce qu'on appelle un Sophisme ? Quelle étrange maniere de raisonner ! De ce que je ne puis faire une folie à laquelle aucun motif ne m'engage & dont tout me repousse ; ne blessai-je point les regles d'une bonne logique, si j'en conclus que je ne ferai point une sottise qui peut m'être agréable par vingt raisons différentes ? J'ai regret à ces arguments simples mais invincibles dont notre Auteur menace son Despote Asiatique ; mais tandis qu'il parle avec tant de confiance & d'intrépidité, ne devroit-il pas craindre lui même qu'on ne le confondît ?

Je ne comprends pas, pourroit lui répondre le Despote, ce que tu veux me dire. Tu raisonnes mal. Pour me prouver que je ne suis pas tout puissant, il faut me faire voir que je ne puis pas faire tout ce qui me plaît ; or, s'il pouvoit me plaire de permettre l'homicide volontaire & de défendre la

culture des terres, je t'en donnerois
le plaisir, & tu verrois que rien ne
résiste à mes ordres. Dès que tu es
obligé de recourir à la supposition
la plus absurde & la plus ridicule
pour prouver que j'ai quelquefois
les mains liées, tu devois en conclure qu'elles sont toujours libres ;
les bornes de mes desirs & de ma
volonté, voilà les seules bornes de
mon pouvoir. Tu te mocques de
moi avec ton évidence ; pourquoi
veux tu qu'elle me gêne ou me
contrarie ? Ne vois-tu pas évidemment toi-même que je suis entouré
de quatre cents mille hommes que
je paye pour trouver évident que
tout ce qui me fait plaisir est juste ;
& que le reste après avoir bien
examiné sa situation, juge qu'il est
raisonnable de souffrir mes fantaisies,
parcequ'il risque évidemment d'être
empalé en me contredisant ?

A ce discours, Monsieur, que
deviendroient les arguments invincibles de notre Auteur ? Ne sentiroit-
il pas que le Despote a raison, &
qu'il peut satisfaire à son gré tous

les caprices, tous les goûts, toutes les passions dont un homme est capable quand les organes de son cerveau ne sont pas entierement dérangés ? Parcequ'un Sultan ne peut porter les loix les plus insensées, notre Auteur s'obstinera-t-il à conclure *que dans aucun cas son autorité ne peut empiéter sur le domaine de l'évidence ?* L'expérience le démentiroit. Si aucun Despote n'a jamais défendu de cultiver la terre, ce n'est point parceque cette défense est évidemment injuste, mais parcequ'aucune passion ne l'invite à la faire. Combien de Princes ont en effet ruiné leurs Etats & réduit presque à rien l'agriculture par des ordonnances évidemment mauvaises, mais que leur avarice, leur ambition ou quelque autre passion leur a dictées. Il ne faut pas en être surpris, on est homme avant que d'être Prince, & sur le trône même de la Chine, un Empereur écoute plutôt ses goûts que ses devoirs.

Non, Monsieur, ce n'est point

l'ignorance feule qui caufe tous nos maux , pour un tort qu'elle a , les paffions en ont mille. Il n'eft point vrai (1) que *pour que la puiffance légiflative trahiffe fes intéréts perfonnels dans ceux de la Nation , il faille qu'elle foit féduite , & qu'elle ne puiffe l'être qu'autant que l'ignorance rend poffible la féduction.* Que les hommes feroient heureux s'ils n'avoient eu à craindre que l'ignorance ! Nous ne l'aimons point , elle ne nous eft point chere , nous ne cherchons qu'à nous éclairer ; & il ne nous auroit fallu que bien peu de temps pour parvenir à la connoiffance de toutes les vérités politiques , fi les paffions n'avoient innondé la terre de préjugés & d'erreurs , & n'en avoient continuellement befoin pour fe fatisfaire avec plus de commodité.

Mais je ne veux pas , Monfieur , vous arrêter davantage fur ce quinzieme Chapitre ; venons enfin à la grande queftion de l'Ordre naturel

_______________

(1) Chap. 15 , p. 190.

des Sociétés , & examinons dans quelles mains notre Auteur prétend que la puissance législative doit être remise. Il *je propose de faire voir tout le faux d'un système*, dit il (1), *fort accrédité , & suivant lequel le pouvoir législatif ne peut être exercé que par la Nation en corps.* Je vais le suivre , & j'examinerai en détail tous ses raisonnements. Voulant proscrire toute espece de démocratie , pour substituer à sa place un despotisme légal, il a eu soin de nous avertir , dès le commencement de son Ouvrage , que l'*inégalité des conditions parmi les hommes est dans l'ordre de la justice par essence* ; mais cette erreur lui étoit ici trop nécessaire , pour qu'il ne la remît pas sous les yeux de ses Lecteurs. Il n'appuie son opinion sur aucune nouvelle preuve ; ainsi je me borne à vous prier de vous rappeller ce que j'ai pris la liberté de vous dire à ce sujet. Passons aux autres arguments.

_______________

(1) Chap. 16 , p. 199.

On m'affure (1), Monfieur, que, *fi nous confultions chaque homme en particulier, nous trouverions en général qu'ils voudroient tous avoir des droits, & point de devoirs, recevoir beaucoup & ne donner rien.* Voilà l'homme tel qu'il eft quand une paffion violente l'agite, & aveugle fa raifon ; le voilà tel qu'il eft dans une Société corrompue, où le Gouvernement fépare & divife les intérêts des Citoyens, au lieu de les rapprocher, & met les vices en honneur, après avoir détruit tout principe de morale. Mais n'oublions pas, je vous prie, que la Nature n'eft pas la marâtre du genre humain ; elle a mis dans notre ame des qualités fociales que nous n'avons pu entiérement étouffer, malgré tout ce que nous avons fait pour augmenter la force & l'aveuglement de nos paffions. Il n'y a encore aucun homme à qui on ne puiffe prouver qu'il ne doit point faire à autrui ce qu'il ne voudroit pas qui lui fût fait, & qui ne

_______________

(1) Chap. 16, p. 201.

I v

se rende à cette vérité, quand une
passion ne le rend pas furieux. C'est
*ce penchant naturel* à l'injustice & à
la tyrannie qu'on suppose dans les
hommes, qui, selon notre Auteur,
*ne leur permet pas d'être Législateurs.*
Si cette proposition est vraie, je demande pourquoi il se donne la peine
d'examiner en quelles mains la puissance législative doit être déposée;
cette recherche est puérile. *Chaque
homme en particulier*, dites-vous, ne
peut être Législateur; il ne doit donc
être question ni de despotisme légal,
ni d'aucune autre forme de gouvernement; il faut donc nous passer
d'une puissance législative, & attendre que Dieu envoie sur terre une
créature privilégiée pour nous donner des Loix.

Si les hommes n'avoient eu que
des passions, ils auroient nécessairement vécu, comme les brutes, sans
société; si, exempts de passions, ils
n'eussent eu qu'un penchant naturel
à l'ordre & à la justice, ils n'auroient
point eu besoin de Loix ni de Magistrats, parcequ'ils auroient fait le

bien fans effort. C'eft parceque la Nature leur a donné, avec des paffions, l'amour de la juftice & l'intelligence, que les Loix leur font néceffaires, & qu'ils font capables d'en faire. Sans ce double mobile des paffions & de l'amour du bien, qui fait agir les hommes, & que la raifon doit diriger au bien général de la Société & au bien particulier de chaque Citoyen, je vous défie, Monfieur, d'imaginer ce qui auroit pû donner naiffance à la Société. Laffés de leurs querelles & de leurs divifions, nos peres fentirent le prix de la paix, de l'ordre & de l'union; ils s'affemblerent pour convenir de leurs droits & de leurs devoirs refpectifs; ils firent des Loix pour regler & réprimer les paffions, établirent des châtiments & des récompenfes, & créerent des Magiftrats pour en être les juftes diftributeurs. Cependant il plaît à notre Auteur de dire que, dans cette occafion, nos peres n'étoient point Légiflateurs; & la raifon qu'il en rapporte, c'eft que *la Nature, ne leur ayant point laissé les Loix à faire, mais leur présentant des Loix toutes faites, ils n'avoient rien à faire que de se soumettre à des Loix déja faites, à des Loix simples dont la justice & la nécessité étoient pour chacun d'eux de la même évidence.*

Je conviens avec notre Auteur que la Nature instruisoit les hommes de leurs devoirs, & qu'ils n'avoient qu'à consulter les qualités sociales qu'elle leur avoit données, pour connoître les vices qu'ils devoient proscrire, & les vertus qu'ils devoient encourager & faire fleurir ; mais pourriez - vous m'apprendre comment cela peut s'ajuster avec *ce penchant naturel* à l'injustice & à la tyrannie, *qui ne leur permettoit pas, il n'y a qu'un moment, d'être Législateurs ?* Quels Mémoires secrets ont appris aux Economistes que toutes les Sociétés ont eu à leur naissance la même marche & la même méthode, qu'elles ont établi les mêmes châtiments, les mêmes récompenses & les mêmes Magistrats ? C'est une chose qu'il n'est pas raisonnable de présumer, vû la prodigieuse diver-

fité de circonſtances où les hommes
ſe ſont trouvés, & des événements
qui les ont invités à ſe réunir. Notre
Auteur n'a donc pas eu raiſon de
dire qu'ils *n'avoient rien à faire que de
ſe ſoumettre à des Loix déja faites, à
des Loix ſimples dont la juſtice & la
néceſſité étoient pour chacun d'eux de
la même évidence.* Je ſerois curieux de
connoître ces Loix ſimples qui inſ-
truiſoient d'une maniere ſi évidente
nos peres de la meſure préciſe du
pouvoir qu'ils devoient donner à
leurs Magiſtrats, & de la qualité
des châtiments qu'ils devoient infli-
ger contre chaque délit. Eſt-ce le
deſpotiſme légal qui fut alors établi ?
Les traditions les plus anciennes de
l'Hiſtoire ne permettent pas de le
penſer ; & d'ailleurs, comment voudriez-vous que des hommes groſſiers,
barbares, ſemblables aux Sauvages
qui habitent aujourd'hui l'intérieur
de l'Afrique ou de l'Amérique, &
encore pleins des erreurs que leur
avoit données leur indépendance
naturelle, ſe fuſſent ſoumis à ce
gouvernement qui contrarioit tous

leurs préjugés & toutes leurs habitudes ? Tout ne nous dit-il pas qu'a-
vant qu'il se formât des Sociétés vé-
ritables, des Sociétés régulieres, il
se fit plusieurs essais de ligues & d'as-
sociations ? Les hommes peu instruits
par l'expérience, & n'ayant encore
que des notions vagues & incertaines de la Société & du bonheur qui
doit l'accompagner, ne trouvoient
donc pas *des Loix déja faites, dont la
justice & la nécessité étoient pour chacun
d'eux de la meme évidence.*

Je ne suis pas à la fin de mes doutes, Monsieur ; après avoir dit que
les hommes ne peuvent pas être Législateurs, notre Auteur avoue, dans
la page suivante (1), que, *quand il
s'agit de se réunir en société, chacun est
nécessairement Législateur, parcequ'il
n'y a point encore d'Etat gouvernant,
& que chacun est le maître de ne pas
souscrire aux conditions de la réunion.*
On ne peut pas passer plus brusque-
ment d'une extrémité à l'autre ; mais
ce n'est pas le dernier mot de notre

_____________________

(1) Chap. 16, p. 203.

Auteur , & je vois avec furprife qu'après avoir été néceffairement Légiflateurs , nous fommes deftitués néceffairement de tout notre pouvoir. *Dès qu'une Société , dit-il (1), renferme une multitude d'hommes très-nombreufe , & qu'il s'agit de conftater , d'une maniere claire & pofitive , tous les devoirs & tous les droits réciproques qu'ils doivent avoir entr'eux , la multitude n'eft plus Légiflatrice.* Voilà qui eft bien vague , Monfieur ; & comment voulez - vous que je devine combien il faut de milliers ou de millions d'hommes pour qu'une Société foit réputée très nombreufe , & que je fois dépouillé de ma puiffance légiflative ?

Si on demande à notre Auteur , pourquoi ceux qui compofent la multitude ou la Nation dans une Société très nombreufe , ceffent d'être Légiflateurs ; *c'eft* , répond-il , *qu'il ne s'agit plus d'établir des Loix , mais feulement de développer les conféquences de celles qui font déja établies , & d'en*

---

(1) Chap. 16 , p. 203.

*faire l'application aux différents cas qui doivent se présenter successivement.* Voilà certainement le plus étrange des paradoxes ; & peut-être pourrois-je me servir d'une autre expression pour rendre ma pensée. Mais passe, je consens que, dans une Société très nombreuse, il ne soit plus question de faire des Loix , mais de tirer seulement des conséquences des Loix qui sont déja établies ; s'ensuivroit-il que ceux qui composent la Nation , ne pussent s'attribuer une pareille fonction ? Est-ce qu'il est plus difficile ou plus important de tirer les conséquences d'une Loi que de la faire ? Si la multitude a été capable de faire la Loi , qui est plus capable qu'elle d'en connoître l'esprit , & d'en tirer les conséquences les plus justes ? Est-ce que la raison humaine s'est retrécie depuis l'établissement des Sociétés? Si les rapports des grands Etats sont plus compliqués , nos lumieres ne se sont-elles pas étendues par l'expérience ? Les premiers hommes alloient en tatonnant, & ne savoient pas bien

ce qui réfulteroit de leurs inftitutions, au lieu que nous qui voyons
ce que les différentes formes de
Gouvernement ont produit de bien
& de mal, nous pouvons marcher
avec plus de fûreté, & profiter des
fautes de nos peres. Ne m'oppofez
pas l'ignorance où le peuple eft tombé ; je vous répondrai qu'il n'eft
ignorant que parceque fon aviliffement l'a abruti, & que vous ne
l'éclairerez qu'en le retirant de fon
aviliffement. Notre Auteur m'ob-
jecte qu'en exerçant la puiffance
légiflative, ceux qui compofent la
multitude *fe trouveroient Juges & Par-*
*ties*, foit : mais qui peut mieux juger
que le corps même de la Nation de
ce qui lui convient ? D'ailleurs,
Monfieur, à quelque perfonne que
vous confiez le foin de faire des
Loix, ne fe trouvera t-elle pas également Juge & Partie ? Votre Defpote même ne jugera-t-il pas entre
fes befoins & ceux de fes Sujets ?

On ajoute que l'oppofition d'intérêts, qui divife les différents ordres de l'Etat, *les mettroit dans la*

*néceſſité de recourir à la force pour les faire valoir.* Si notre Auteur a des terreurs paniques, il ſera difficile de le convaincre que ſon argument n'eſt pas bon ; car on ne guérit point, dit on, de la peur. Mais, en premier lieu, je lui demande pourquoi il ſup-poſe que la démocratie partage tou-jours les Citoyens en différents or-dres, & pourquoi ces différents or-dres feront toujours ennemis les uns des autres. En ſecond lieu, c'eſt préciſément parceque les différents ordres qui compoſent la Nation, auroient des intérêts oppoſés, qu'il faudroit les rapprocher, &, en leur donnant un intérêt commun, les mettre en état de ſe concilier. La Patrie ou le bien public eſt un pre-mier lien qui unit les Citoyens d'une République ; permettez-leur de dif-cuter leurs prétentions, & vous verrez peut-être qu'ils apprendront à ſe faire des ſacrifices réciproques, & que peu à peu chacun s'accoutu-mera à être content de la place qu'il occupe.

Les hommes doués d'intelligence,

& naturellement timides à l'approche du danger, ne font point auffi empreffés à s'égorger, qu'on voudroit nous le perfuader. Tant qu'on pourra compter fur la protection des Loix, & faire valoir fes droits par des raifons, on ne recourra point à la force. Si notre Auteur n'avoit pas dit quelque part qu'il n'eft point Hiftorien, & dans un autre endroit (1), qu'*il ne jette les yeux fur aucune Nation, fur aucun fiécle en particulier, & qu'il cherche à peindre les chofes telles qu'elles doivent être effentiellement, fans confulter ce qu'elles font, ou ce qu'elles ont été dans quelque pays que ce foit*; je le prierois de me citer un feul exemple où la liberté des affemblées nationales ait allumé la guerre civile. Mais vous, Monfieur, qui fans doute ne vous croyez pas en droit d'écrire en politique, fans confulter l'Hiftoire, & expliquer les phénomenes qu'elle préfente, rappellez vous qu'aucun peuple n'a pris les armes pour fe déchi-

_______________________

(1) Chap. 15, p. 194.

rer, que quand la liberté, presque entiérement ruinée, n'avoit plus que cette malheureuse ressource pour se conserver. Suivez les longues querelles des Patriciens & des Plébéiens dans la République Romaine, & les dissensions des Grecs ; vous verrez que les contestations de la place publique empêchoient que les esprits ne se portassent aux dernieres extrémités, & qu'on ne prit les armes que quand la Nation, gouvernée par des Magistrats qui étoient devenus ses tyrans, ne régla plus elle-même ses affaires : ce qui est arrivé chez les Romains & chez les Grecs, est également arrivé chez tous les peuples anciens & modernes.

Si la nature n'avoit pas destiné les hommes à être en commun leurs propresLégislateurs, pourquoi, pourroient vous objecter les partisans du Gouvernement populaire, les auroit-elle mis dans la nécessité de faire en commun leurs loix, quand ils commencerent à former des Sociétés ? Pourquoi leur auroit-elle donné les mêmes organes , les mêmes befoins, les mêmes paffions & la même intelligence ? Si depuis l'établiffement des propriétés fon-cieres , les fortunes & les condi-tions ne peuvent plus être égales, la politique ne doit-elle pas du moins tout tenter pour empêcher que la loi ne devienne oppreffive ? Ne voyons-nous pas évidemment que plus les peuples ont eû part à la légiflation , plus leurs loix ont été impartiales , & la Société flo-riffante ? Je n'aime pas la démo-cratie , je fais à combien de verti-ges & d'erreurs le peuple eft fujet ; mais fi ce Gouvernement eft vicieux, ce n'eft certainement pas par les raifons qu'allégue notre Auteur.

*Le pouvoir légiflatif , dit-il* (1) *, ne peut appartenir de droit qu'à ceux qui ont acquis la connoiffance évidente des loix naturelles , & ce pouvoir ne peut être exercé fans aucun inconvé-nient qu'autant que la force de cette évidence n'eft point combattue par celle*

_______________

(1) Chap. 16 , p. 201.

des intérêts particuliers ; car alors il y auroit à craindre que celle-ci ne devînt dominante. Ah ! Monsieur , notre Auteur y a-t-il bien réfléchi , quand il a écrit cette phrase qui renverse tout son syftême ? Il convient que les paffions ont auffi leur force , & que cette force peut même être fupérieure à celle de fon évidence ; voilà ce que j'ai pris la liberté de vous dire plufieurs fois : mais fi l'évidence de l'ordre & de nos devoirs , au lieu d'entraîner , de fubjuguer & de foumettre toutes les volontés , obéit elle-même à la force des paffions , par quel moyen le Defpotifme légal ne deviendra-t-il pas arbitraire ? Voilà un aveu bien indifcret ; pour l'honneur de fon fyftême , notre Auteur ne devoit pas le faire ; il falloit diftraire les Lecteurs & les empêcher de penfer à la force des paffions ou des intérêts particuliers.

Quoi qu'il en foit , on termine ce raifonnement , en difant que *cette feule obfervation fuffit pour prouver que le pouvoir légiflatif ne peut être le partage d'une Nation, d'une multitude d'hommes parmi lesquels il subsiste & doit subsister des droits inégaux, & qui cependant voudroient tous séparément que l'inégalité fût en leur faveur.* J'ai déja tâché de guérir notre Auteur de la crainte que lui inspirent la guerre & les dissensions domestiques ; je pourrois me dispenser de répondre à cet argument ; mais pour répandre une nouvelle lumiere sur cette matiere importante, j'aurai l'honneur de vous dire que si on veut que les hommes ne se fassent pas des droits inégaux, & que leurs passions conservent quelque retenue, le seul moyen d'y réussir, c'est de les mettre en présence les uns des autres ; & ce sera par ce choc même des passions, qu'elles s'émousseront en quelque sorte, & se tiendront en équilibre pour l'avantage de l'Etat. Mais si le pouvoir législatif ne peut appartenir de droit qu'à ceux qui ont acquis la connoissance évidente des loix naturelles ; & si notre Auteur, en vertu de cette assertion, veut en priver le corps de la Société ; ne craignez-vous point que vos adverfaires, en fe fervant de cette raifon, ne dépouillent votre Empereur de la Chine de fon Defpotifme légal ?

Ecoutez, je vous prie, mon raifonnement. Je veux bien convenir avec vous, Monfieur, vous dirai je, que le pouvoir légiflatif ne peut appartenir de droit qu'à ceux qui ont acquis la connoiffance évidente des loix naturelles ; mais puifque le trône eft héréditaire à la Chine & que vous foutenez que cette hérédité eft dans l'Ordre naturel & effentiel des Sociétés, comment êtes-vous fûr que la fortune vous donnera toujours pour Souverain un Philofophe capable d'avoir la connoiffance des loix naturelles & d'en faire une jufte application aux différents befoins de fon Empire ? Les Empereurs de la Chine ont-ils le fecret de n'avoir jamais pour fils que des hommes privilégiés, ou de corriger par une éducation merveilleufe les vices

d'un

d'un naturel trop pareſſeux ou trop ardent & trop impétueux ? Non ſans doute, puiſque nous avons vu que pluſieurs de ces Princes ont été très méchants, & que des neuf fils du ſage Yao aucun ne fut digne de lui ſuccéder. Vous voyez donc que, par une conſéquence néceſſaire de votre ſyſtême & de ce que vous appellez l'Ordre naturel des Sociétés, vous êtes ſouvent obligé de confier la puiſſance légiſlative à une perſonne à qui elle ne peut appartenir de droit. Cette ſeule obſervation ne doit-elle pas vous faire ſoupçonner qu'un ſyſtême dont les principes ſe contrarient & ſe détruiſent mutuellement, ne peut nous conduire à la vérité.

Mais je ne veux pas me rendre trop difficile, & je conſens que les Empereurs de la Chine aient tous éternellement & conſtamment une raiſon éclairée & cultivée. A quoi ſervira cette rare prérogative, ſi la connoiſſance évidente qu'ils ont des loix naturelles eſt combattue par la force des intéréts particuliers , & s'il est à craindre que cette force ne devienne dominante ? Si le Prince , comme homme , a des passions vives & emportées , qui vous répondra que comme Législateur il s'acquittera fidellement de ses devoirs ? L'évidence lui dira froidement qu'il ne peut être riche & puissant , en un mot heureux , qu'autant que son Empire sera florissant & que l'abondance & la justice y régneront ; mais tout est perdu si l'avarice , l'ambition ou quelque autre passion lui parlent avec l'énergie qui leur est naturelle , & le sollicitent à faire le mal par l'attrait d'un plaisir présent.

Ne voyez-vous pas que dans votre système il vous est impossible de vous débarrasser des intérêts particuliers ? Quand vous vous serez fait un Empereur de la Chine tel que vous pouvez le désirer, vous n'en serez pas plus avancé. Après avoir triomphé courageusement de toutes ses passions , il succombera sous celles des Colaos & des Mandarins qui l'entourent de piéges ;

il fera malgré lui l'instrument de
leurs intérêts particuliers. Ne pouvant ni tout voir ni tout faire par
lui-même, comment s'y prendra t-il
pour n'être pas trompé ? Comment
réfistera-t-il à la séduction des fla-
teurs qui étudient fes paffions &
épient fes foibles ? Par quel art fe
défendra-t-il de préférer fes Cour-
tifans qui font fous fes yeux à fes
Sujets qu'il ne voit pas ? Si votre
Defpote n'eft pas à la fois infaillible
& impeccable, votre puiffance légiflative ne fera-t-elle pas dirigée
par des intérêts particuliers ? Si vous
efpérez que les Mandarins fe facri-
fieront au bien public, & que dans
leurs remontrances ils oublieront
leurs intérêts particuliers, vous ferez
la dupe, Monfieur, de vos bonnes
intentions & de vos efpérances :
dès qu'ils pourront féduire le Prince,
ils s'appliqueront à le tromper. Vous
voyez donc qu'on peut faire contre
votre Defpotifme légal, les arguments que vous employez pour
priver une Nation du droit de faire
fes loix ; & la conféquence qu'on

en doit tirer c'eſt que les preuves de notre Auteur ne prouvent rien.

J'ignore qui a imaginé de dire qu'une Nation doit poſſéder elle-même la puiſſance légiſlative, parce-qu'elle forme un corps : il ne peut réſulter de là que des raiſonnements auxquels je ne comprends rien. Il me ſemble que les Philoſophes anciens donnent des raiſons qu'il auroit été plus utile à notre Auteur de réfuter. Rappellez-vous ce que diſent Platon, Ariſtote, Xénophon, Thucydide, Cicéron, Tacite, Plutarque, &c. le réſultat de toute leur doctrine, c'eſt qu'une Nation doit faire elle-même ſes loix, parce-qu'elle eſt compoſée d'êtres intelligents à qui Dieu a donné une raiſon pour juger de ce qui leur convient. Ils diſent qu'il n'y a que les enfants & les inſenſés qui ſoient déſtinés à ſe conduire par la raiſon d'un autre. Ils diſent que la Nature a impoſé à tous les hommes les mêmes devoirs, & qu'elle leur a conféré les mêmes droits. Ils ajoutent qu'elle ne les auroit point faits libres, si elle avoit ordonné à la politique de les rendre esclaves. Ils remarquent que la Société ne peut fleurir qu'autant que les Citoyens font attachés à la chose publique, & qu'ils n'y font attachés qu'autant qu'ils obéissent à des loix dont ils font les auteurs.

*Décomposez une Nation*, dit notre Auteur (1), *suivez sa distribution naturelle en différentes professions, en différents ordres de Citoyens ; interrogez chaque classe en particulier, vous les trouverez toutes désunies & divisées par des intérêts opposés. Alors vous verrez que chaque classe est un corps séparé qui se subdivise à l'infini, & que cette Nation qui vous paroissoit n'être qu'un corps, en forme une multitude qui voudroient tous s'accroître aux dépens des autres.* Voilà certainement la peinture d'une Société très vicieuse ; mais permettez-moi à mon tour de vous prier de remonter jusqu'à l'origine de ces intérêts opposés qui rendent tous les Citoyens d'un

_______________

(1) Chap. 16, p. 206.

K iij

Etat ennemis les uns des autres.
Vous découvrirez infailliblement
que ce malheur eſt l'ouvrage d'une
légiſlation partiale qui ne regarde
pas du même œil tous les hommes;
& qui par-là eſt ſuſpecte à ceux
mêmes qu'elle favoriſe, parcequ'ils
ne ſont pas ſurs qu'elle les favoriſera
demain comme elle les favoriſe
aujourd'hui. Ne vous arrêtez point
après ce premier pas ; recherchez
la cauſe de cette légiſlation partiale,
& vous trouverez qu'une partie des
Citoyens, en s'emparant de la
puiſſance légiſlative, a donné à ſon
gré des loix à l'autre ; & plus vous
verrez que le nombre des Légiſlateurs ſe reſſerre & devient petit,
plus les loix, dictées par des intérêts particuliers, établiront l'injuſtice comme un droit. Après avoir
fait cette découverte, ne ſerez vous
pas étonné, Monſieur, qu'on nous
préſente ſous le nom d'Ordre naturel
& eſſentiel de la Société ce qui la
détruit, & qu'on propoſe aux hommes pour remede ce qui occaſionne
leur mal ? Nous avons en Europe

plusieurs Monarchies tempérées ;
voilà le modele qu'on devoit nous
propofer, & non pas le Defpotifme
ridicule des Chinois. Il falloit du
moins, à l'exemple de l'Auteur de
l'Efprit des Loix, parler des puiffances intermédiaires, des précautions
que quelques Princes ont prifes pour
que leur religion ne fût pas furprife,
& des mœurs qui, en modifiant le
pouvoir, empêchent qu'il ne s'égare.
Mais revenons à notre fujet. Dans
cette Société vicieufe, qui n'eft
gouvernée que par quelques hommes occupés de leurs intérêts particuliers, établiffez actuellement un
Confeil où dix ordres de Citoyens
aient droit d'entrer ; & fur le champ
ces dix ordres, qui fe ménageront
& fe refpecteront mutuellement,
ne feront plus opprimés par les
loix. Encouragé par cet effai, continuez votre réforme, & permettez
à tous les ordres de l'Etat d'avoir
part à la légiflation ; n'eft-il pas
vrai qu'alors vous verrez naître de
tous côtés des loix juftes & impartiales, & que l'intérêt du bien pu-

blic l'emportera sur tous les intérêts particuliers ?

J'ai bien peur que notre Auteur ne veuille pas faire l'expérience que je lui propose ; il est trop décidé à ne rien trouver de plus ridicule que l'assemblée d'une Nation. *Chacun*, dit-il (1), *y apporte ses opinions personnelles, ses prétentions arbitraires & la ferme résolution de les faire prevaloir. Voilà ce prétendu corps qu'on veut établir Légiflateur ; il faut convenir qu'il est choisi fort singulierement.* Pas plus que le Conseil de l'Empereur de la Chine ; car si j'ai bonne mémoire, Monsieur, je crois avoir lu cent fois dans les relations de nos Missionnaires, que les Mandarins qui y sont appellés ont des prétentions arbitraires & des intérêts particuliers qu'ils préferent au bien de l'Empire. Je gage qu'ils y apporteroient la ferme résolution de faire prévaloir leur avis, si, ce qui est bien pis, ils pouvoient avoir un autre avis que de plaire à l'Em-

_______________

(1) Chap. 16 , p. 207.

pereur. Mais enfin pourquoi paroit-
il si bisarre à notre Auteur que des
hommes qui ont des intérêts communs & qui ne se sont mis en Société que pour les concilier, se
rassemblent pour les discuter, si leur
nombre est peu considérable ; ou
s'ils sont répandus dans une grande
Province, qu'ils choisissent des représentants pour opiner & résoudre
en leur nom ? Pourquoi les peuples
autrefois les plus recommandables
par leur sagesse & leur courage en
ont-ils usé de la sorte ? Malgré la
bisarrerie de ce Gouvernement ,
pourquoi les Grecs & les Romains
heureux au dedans, ont-ils fait au
dehors de si grandes choses , &
n'ont-ils commencé à déchoir, que
quand ils se sont rapprochés des
institutions de la Chine ? Nous
avons actuellement sous nos yeux
l'Angleterre, la Suéde, la Suisse,
qui bravent les préceptes de notre
Auteur ; je n'entends point dire
qu'elles soient plus malheureuses
que les contrées de l'Asie soumises
au Despotisme , & sûrement elles

K v

ne seroient pas vaincues par ces bandes de Tartares qui ont subjugué les Chinois.

*Voici donc*, continue notre Auteur (1), *que la Loi proposée est reçue à la pluralité des suffrages : mais alors ce n'est plus toute la Nation en corps qui fait la Loi ; c'est une portion seulement de la Nation qui la dicte à l'autre portion ; ainsi l'une la fait, & l'autre la reçoit contre sa volonté : celle ci par conséquent ne fait point partie du Corps législatif ; si elle souscrit à la Loi, ce n'est pas qu'elle l'accepte librement & volontairement, mais c'est qu'elle y est contrainte par des forces supérieures aux siennes.* Je crois, Monsieur, que cette maniere de raisonner s'appelle jouer sur les mots, & en abuser. De pareilles subtilités ne méritent pas d'être examinées sérieusement : passons donc aux inconvénients qui résultent de cette Loi portée à la pluralité des suffrages.

*La Loi est reçue, elle est faite, & la Nation, qui ne peut rester toujours as-*

_______________

(1) Chap. 16 , p. 208.

*semblée, se disperse.... Alors ceux qui ont été d'un avis contraire à la Loi, ont tout l'avantage ; les autres, qui ont fait force pour l'établir, ne font plus force pour la faire observer ; elle est absolument abandonnée à la discretion de ceux dont l'autorité prend la place de celle de la Nation en corps. Ainsi le résultat de toute cette opération faite par la Nation en corps, est que les uns n'ont pu parvenir à faire une loi, & que les autres ont fait une loi nulle, parcequ'elle est sans autorité.* Tout cet assemblage d'idées est si bisarre, que je crains que les Lecteurs ne me soupçonnent de ne pas copier fidélement notre Auteur. *Que reste-t il donc,* poursuit-il, *après l'institution de la loi ? Il reste une loi dont la justice & la nécessité n'ont rien d'évident ; il reste des Magistrats qui ne voient point une justice évidente ni dans la lettre, ni dans la raison de la loi ; il reste une puissance exécutrice qui se croit très indépendante d'une loi faite par une puissance législative qui ne subsiste plus ; ainsi cette loi n'a ni en elle, ni autour d'elle, aucune autorité qui puisse la faire respecter.*

Si vous êtes perſuadé, Monſieur, de la juſteſſe de ce raiſonnement, vous devez être bien étonné de trouver que quelque loi ſoit obſervée dans les Républiques; car un peuple libre n'a vraiſemblablement aucune loi importante qui ait réuni en ſa faveur tous les ſuffrages. Qu'eſt-ce que faire force pour ou contre la loi ? Pourquoi une loi feroit-elle nulle, dès qu'elle n'eſt pas l'ouvrage de l'unanimité ? Où voit on, je vous prie, que ceux qui ont refuſé leur ſuffrage à une loi, forment des conjurations pour empêcher qu'elle ne ſoit obſervée ? Si vous me citez quelque République qui ait été en proie à de pareils abus, je prendrai la liberté de vous répondre que, pour blâmer un Gouvernement, il faut lui reprocher des vices qui tiennent à ſa nature & qui ne peuvent en être ſéparés, & non pas des défauts accidentels & dont il ſeroit facile de le corriger. Après la ſéparation de l'aſſemblée, pourquoi ceux qui ſe ſont oppoſés à la loi, ont-ils tout l'avantage ſur ceux qui l'ont faite ? Ne voyons nous pas tous les jours que le Citoyen obéit sans répugnance à la loi qu'il a voulu rejetter, parcequ'il obéit avec zele à la loi primitive & fondamentale de la pluralité des suffrages qui fait sa sûreté & sa grandeur ? Jamais on n'a entendu dire que la puissance législative ne subsiste plus en Angleterre & en Suéde, quand le Parlement & la Diéte y sont séparés. Puisque notre Auteur convient qu'après la séparation de l'assemblée nationale, il reste une puissance exécutrice, par quelle inconséquence veut-il que la loi n'ait autour d'elle aucune autorité qui puisse la faire respecter ? Chaque Magistrat sait qu'il n'est que le Ministre, l'organe & l'instrument de la puissance législative ; il sait qu'il doit donner l'exemple de l'obéissance aux Citoyens : par quel vertige la puissance exécutrice se croira-t-elle donc indépendante ? Tout l'avertit au contraire de sa dépendance ; & si l'amour de la justice ne la conduit pas, elle sera contenue par la crainte, puisqu'elle doit rendre compte de ses opérations à la puissance législative.

Rien n'est plus simple que cet arrangement, & cependant notre Auteur y trouve de grandes difficultés & une contradiction choquante. Des assemblées fixes & périodiques de la Nation pour faire de nouvelles loix ou connoître des infractions faites aux anciennes, *ne peuvent convenir,* selon lui (1), *qu'à un peuple très peu nombreux & resserré dans un territoire très étroit.* Mais il a sans doute oublié, ou plutôt n'a pas fait attention, qu'il y a deux manieres de former des assemblées nationales : l'une en y admettant tous les Citoyens, elle a été autrefois pratiquée par les Grecs & les Romains, elle l'est encore aujourd'hui par les petits Cantons de la Suisse, & il est vrai qu'elle ne convient qu'à des peuples peu nombreux : l'autre est de recevoir dans ces assemblées les représentants de chaque contrée, de chaque ville, de chaque province, ou de chaque

_________________

(1) Chap. 16, p. 211.

ordre de Citoyens. Cette méthode
eſt en uſage en Angleterre, en
Suéde, &c. Les peuples les plus
nombreux peuvent la ſuivre, puiſqu'elle a été pratiquée avec ſuccès
par Charlemagne, dont l'Empire
comprenoit plus de la moitié de
l'Europe.

A l'égard de la contradiction choquante, voici en quoi notre Auteur
la fait conſiſter. *Dans l'aſſemblée nationale, tous ceux*, dit-il, *dont on ſe
plaindroit comme infracteurs de la loi,
ou comme ayant profité de leurs infractions, auroient ſéance & voix délibérative comme les autres ; ils ſe trouveroient
ainſi Juges & Parties.* Quoi donc ! l'eſprit humain n'auroit-il encore trouvé
aucun moyen pour ſauver cet inconvénient ? Les Loix ont décidé que,
dans ce cas, les accuſés ne ſeroient
pas membres de l'aſſemblée nationale, & que, perdant leur qualité
de Juges, ils n'y comparoîtroient
que comme Parties. Par malheur,
cet expédient ne plaît pas à notre
Auteur ; il le rejette ſous prétexte
que *de telles aſſemblées ne ſeront plus*

celles de la Nation en corps, mais un corps particulier formé dans la Nation, & qui par conséquent jouira d'un pouvoir arbitraire qui le rendra pleinement indépendant de la Nation.

Je vous l'avoue, Monsieur, on a besoin d'une sorte de modération pour entendre de sang froid un pareil raisonnement. L'exactitude scrupuleuse de notre Auteur est admirable ; mais personne ne croira avec lui qu'une assemblée d'où cinquante ou cent Citoyens seront exclus par la loi pour un temps court & passager, ne peut être réputée l'assemblée générale de la Nation. Une assemblée est partout réputée une assemblée nationale, quand l'entrée n'en est fermée à aucun des Citoyens qui ont droit par la loi d'y assister. Si l'objection de notre Auteur est nulle à l'égard des plus petites Républiques, telles qu'étoient Athenes, Thebes, Corinthe, &c. jugez de quel poids elle est quand il s'agit d'une Nation nombreuse dont l'assemblée n'est composée que des représentants de ses villes & de ses provinces.

Il faut entendre notre Auteur jusqu'au bout. *Un tel systême*, dit-il, *tend à anéantir la Magistrature & la puissance exécutrice.* Pour moi, je croirois qu'il tend seulement à les contenir dans leurs bornes, & les empêcher de négliger ou de trahir leur devoir. *Dans cette supposition*, ajoute-t-on, *il n'y auroit de Juges souverains ni d'autorité souveraine, que dans l'assemblée de la Nation.* Je vous demande encore pardon, Monsieur ; car l'assemblée de la Nation, bornée à juger si la puissance exécutrice a fidélement rempli les fonctions dont elle est chargée, laissera subsister toutes les Magistratures particulieres dont la Société a besoin, & les autorisera à terminer définitivement ou souverainement toutes les contestations élevées entre les Citoyens. Si on ne veut pas que les Magistrats jouissent d'un pouvoir arbitraire, & enlevent à la Nation le droit d'obéir aux seules loix qu'elle aura faites ; il faut bien que la puissance législative, qui a créé & délégué des Magistrats, puisse leur demander raison de leurs opé-

rations. Cela eſt ſimple, comme il
eſt ſimple que votre homme d'affaires doit vous rendre compte de la
recette & de la dépenſe qu'il a faites pour vous, ſi vous ne voulez pas
qu'il vous dépouille de votre fortune. Je conviens qu'il n'y auroit
d'autorité ſouveraine que dans l'aſſemblée de la Nation : mais, au lieu
d'un mal, c'eſt un bien ; car, comment voudriez - vous établir l'ordre dans un Etat, s'il y avoit une
autre puiſſance ſouveraine que la
puiſſance légiſlative ? Vous voyez
qu'ainſi notre Auteur pourroit ſe
tromper en diſant *que la Nation en
corps ſeroit tout à la fois puiſſance légiſlative, puiſſance exécutrice, & corps
de Magiſtrature.*

Il craint que, par ce moyen, tout
ne fût confondu, & vous voyez au
contraire, Monſieur, que rien ne
l'eſt. Faut-il encore le répéter ? L'aſſemblée de la Nation ſera puiſſance
légiſlative, mais non pas puiſſance
exécutrice, & elle ne formera en
quelque ſorte un corps de Magiſtrats
que pour juger ſi la puiſſance exécu-

trice n'a pas elle-même violé les loix. L'ordre le plus parfait réfulte de cet arrangement ; une fubordination générale contient toutes les parties de la Société ; tandis que les Citoyens obéiffent aux Magiftrats, les Magiftrats font eux-mêmes foumis à la puiffance légiflative qui ne connoît rien & ne doit rien connoître de fupérieur ni même d'égal à elle.

*Dès que la Nation feroit affemblée, elle formeroit,* dit-on, *une puiffance abfolument & néceffairement indépendante des loix déja faites ; tout parti qui auroit pour lui le plus grand nombre des opinions, ne reconnoîtroit aucune autorité fupérieure à la fienne.* Penferiez-vous par hazard, Monfieur, que ce fût là une chofe bien étrange ? En ce cas, je prends la liberté de vous avertir que cette chofe fi étrange eft une vérité triviale & inconteftable, dont vous trouverez la démonftration dans tous les Ecrivains qui ont traité de la nature des Sociétés & de la puiffance légiflative. En effet il implique

contradiction que qui a droit de faire
des loix nouvelles, n'ait pas droit
de détruire les anciennes. Pourquoi
voudriez-vous que, dès qu'une loi
est faite, elle devînt irrévocable ?
Si la puissance législative s'est trom-
pée, elle doit pouvoir réparer sa
faute ; si elle a fait bien, elle doit
travailler à faire encore mieux. Enfin, chargée par sa nature de faire
les loix convenables aux besoins de
la Société, il est de son devoir de
changer ses loix quand les besoins
de la Société ont changé. *Dans cet
Etat*, dit notre Auteur, *il n'existeroit
qu'une autorité sans loix*. Voilà une
erreur bien particuliere ; car de ce
que je viens de dire sur la prérogative de la puissance législative, comment peut-on conclure qu'elle ne
fera pas des loix ? Il n'existeroit,
ajoute-t-il encore *qu'un Etat gouvernant sans Etat gouverné* ; & voici encore une erreur. Dans une Nation
qui ne s'assemble que par des représentants, il est visible qu'il y a un
Etat gouverné. Il y en a même un
dans ces petites Républiques qui

admettent tous les Citoyens à leurs assemblées ; car le Citoyen n'y est Législateur que pour régler quel est son sort comme simple Citoyen.

Dois-je vous redire, Monsieur, que les allarmes de notre Auteur sont bien vaines, quand il craint qu'après la séparation de l'assemblée législative, les loix ne soient sans autorité, & qu'on ne trouve plus qu'un Etat gouverné sans Etat gouvernant ? Il se persuade donc que les Législateurs peuvent être assez dépourvus de sens commun pour ne pas sentir la nécessité de créer des Magistrats, ou que ces Magistrats ne feront que des imbécilles sans fonctions, sans crédit, sans volonté & sans pouvoir.

# LETTRE VIII.

*Doutes sur la Doctrine de notre Auteur au sujet du partage de la puissance souveraine entre plusieurs Administrateurs.*

APRÈS avoir attaqué les principes de la Démocratie, notre Auteur, Monsieur, qui n'est occupé que de son despotisme légal, tourne toutes ses forces contre le Gouvernement Aristocratique. *Il est*, dit-il (1), *de l'essence de l'autorité de n'être point partagée ; la diviser, ce seroit la réduire à l'impossibilité d'agir, & par conséquent l'annuller ; car l'autorité n'est autorité qu'autant qu'elle peut agir pour faire exécuter ses volontés..... De l'unité* (2) *essentielle à l'autorité résulte une conséquence évidente, c'est qu'elle ne peut être exercée par plusieurs.* J'admets le principe ; mais je prends la liberté de ne pas me rendre à l'évidence de la conséquence qu'on en

_________

(1) Chap. 17, p. 216.
(2) Chap. 18, p. 218.

tire ; & vous n'en serez pas étonné,
Monsieur, si vous avez lu avec quelque attention les Lettres précédentes
que j'ai eu l'honneur de vous écrire.

Quand on dit que la puissance
publique ou tutelaire doit-être une,
il me semble qu'il faut entendre
que la puissance législative & la
puissance exécutrice doivent être
parfaitement d'accord, c'est-à-dire,
que celle-ci doit observer & faire
observer exactement les loix de
l'autre. Sans cet accord, sans cette
harmonie, l'anarchie régneroit dans
la Société ; & ces deux puissances
au lieu d'être tutelaires seroient
destructives. Pour qu'elles agissent
de concert , il est indispensable
qu'il n'y ait qu'une autorité législative dans l'Etat. Dès que vous en
supposerez deux , vous les verrez
dégénérer en deux factions ennemies , & les Magistrats toujours
rebelles & toujours coupables aux
yeux de l'une, ne pourront ni connoître ni remplir leurs devoirs, &
paroîtront toujours des tyrans. Ce
que je dis de l'unité de la puissance

légiſlative, il faut le dire de l'unité de la puiſſance exécutrice ; vous ſentez ſans peine que ſi les Magiſtrats interprétent différemment les loix & leur font tenir un langage oppoſé, la puiſſance légiſlative ne ſera qu'un vain nom , & que le malheureux Citoyen n'eſt plus ſous la protection des loix.

Telle eſt l'unité de puiſſance que la politique exige dans un Etat ; mais eſt-il vrai que pour l'établir, il faille réunir dans les mêmes mains le pouvoir légiſlatif & la puiſſance exécutrice ? Eſt-il vrai que ces deux puiſſances perdront l'unité qui leur eſt néceſſaire , ſi on les confie à pluſieurs Adminiſtrateurs ? J'ai déja pris la liberté , dans une Lettre précédente, de vous propoſer mes doutes ſur l'union de la puiſſance légiſlative & de la puiſſance exécutrice ; je vous ai expoſé les raiſons qui me portent à croire qu'il eſt néceſſaire de partager cette derniere autorité entre pluſieurs claſſes de Magiſtrats ; ainſi pour éviter des répétitions faſtidieuſes , je me bornerai

nerai à examiner ici les raisons que notre Auteur allégue pour rejetter l'Aristocratie, & même en général tout Gouvernement où la pluralité des suffrages décide des affaires.

*La force publique, dit-il (1), qui constitue l'autorité, ne peut rien par elle-même & sans le ministere d'un Agent qui lui donne la direction qu'elle doit suivre.* Rien n'est plus vrai, mais faut-il en conclure que *lorsque l'administration de la force publique est dans les mains de plusieurs, cette force se trouve naturellement & nécessairement partagée en autant de portions qu'il y a de volontés instituées pour ordonner de son mouvement; & que par cette raison l'ordre réprouve cette forme de Gouvernement?* Quoi donc toujours des terreurs paniques! Notre Auteur ne doit-il pas se rassurer, en voyant que les Républiques les plus libres, où rien ne se fait qu'en vertu des délibérations & des ordres du peuple ou d'un Sénat, ont cependant une volonté aussi efficace que les Etats

_________

(1) Chap. 18, p. 218.

abfolus , & que la force publique n'y manque point de l'Agent qui lui eft néceffaire ?

Le grand mal , felon notre Auteur , c'eft que tout fe décide dans ces Républiques à la pluralité des fuffrages ; & *cette méthode* , dit-il (1) , *qui ne peut avoir lieu que dans des cas problématiques & fufceptibles d'une diverfité d'opinions , contrafte fenfiblement avec l'évidence que l'autorité doit toujours avoir pour guide.* C'eft fort bien dit , Monfieur ; mais tout le monde n'a pas le bonheur d'avoir l'évidence quand il le veut , ou de prendre de fimples affertions & des fophifmes pour des démonftrations. La plûpart des hommes font condamnés à fe déterminer fur des probabilités ; & je prends la liberté de vous avertir que vous trouverez peu de perfonnes un peu exercées à méditer fur les matieres politiques, & un peu difficiles en preuves , qui ofent dite , comme notre Auteur , *qu'en fait de Gouvernement tout doit*

______

(1) Chap. 18 , p. 110.

*être évident, qu'il ne doit s'y trouver rien d'arbitraire, & qu'il ne peut y avoir diversité d'opinions, que par un effet de l'ignorance ou de la mauvaise volonté des Délibérans.*

Plût à Dieu que les Economistes eussent raison, & que toutes les vérités politiques fussent évidemment démontrées ! Quelle diversité d'opinions ne trouve-t-on pas entre les personnes qui ont écrit avec le plus de sagacité & de profondeur sur la Société ? Je suis confondu quand je vois avec quelle légéreté on profane le nom de l'évidence. Vous même, Monsieur, au milieu du tourbillon de lumiere & d'évidence où vous êtes placé, conservez-vous une foi inébranlable, en voyant que des gens qui ont quelques connoissances & qui certainement n'ont aucune mauvaise volonté, pensent d'une maniere très différente de celle de notre Auteur sur les principes généraux du Gouvernement ? Que seroit ce donc s'il s'agissoit de descendre dans les détails de la législation & de l'admi-

 iſtration, & de faire l'application
des regles générales aux beſoins
particuliers que la Société éprouve
ſucceſſivement ? En attendant que
l'infaillibilité ſoit donnée aux hommes, ſouffrez, s'il vous plaît, que
la Société ſe décide à la pluralité
des ſuffrages. L'ignorance eſt notre
état naturel : qui peut prévoir tous
les caprices de la fortune & de
nos paſſions, & les accidents ſans
nombre qui dénaturent, pour ainſi
dire, les loix, & dérangent les
projets les mieux concertés ? Etres
bornés comme nous le ſommes,
ſujets aux préjugés & à l'erreur,
ne pouvant nous éclairer que par
le ſecours de l'expérience, forcés
à nous tromper cent fois avant
que de trouver la vérité, ne doit-il
pas nous paroître ſage de former
des Corps d'Adminiſtrateurs, c'eſt-
à-dire, de ſoumettre les affaires &
notre ſort à l'examen & à la diſcuſſion des perſonnes qu'on croit les
plus éclairées, & d'ordonner que
tout ſe décidera à la pluralité des
ſuffrages ?

*Quant à la mauvaise volonté*, pour-
suit notre Auteur (1) , *comme elle
résulte des intérêts particuliers, on ne
peut jamais être assuré que le nombre
de ceux que ces intérêts particuliers
dominent, ne soit le plus grand ; ainsi
à cet égard la pluralité des suffrages
ne peut encore être d'aucune sureté.*
Voici donc enfin, Monsieur, qu'on
nous parle de la force ou du pouvoir des passions ; & parcequ'on
a besoin de combattre tout corps
d'Administrateurs pour établir le
Despotisme légal, on nous dit que
l'appétit des plaisirs & l'aversion
de la douleur sont les principes &
les mobiles de tous nos mouvemens.
*Vouloir*, dit notre Auteur, *que
l'homme agisse dans un sens contraire
à l'impulsion de ces mobiles, c'est pré-
tendre changer l'ordre immuable de la
nature ; c'est se proposer de rendre les
effets indépendans des causes ; c'est entreprendre de faire remonter une riviere
vers sa source.* Mais ce n'est point dans
un Gouvernement où l'autorité est par-

_______________________

(1) Chap. 18, p. 222.

tagée dans les mains de plusieurs, que l'opinion & le desir de jouir doivent naturellement & constamment tendre au bien commun de la Société. Cette forme de Gouvernement péche dans son principe, en ce qu'elle prend pour Arbitres de l'intérêt public, des Agens qui peuvent avoir des intérêts particuliers très opposés. Alors le desir de jouir doit naturellemeut les incliner à préférer leurs intérêts particuliers à l'intérêt public.

Cette maniere de raisonner ne me paroît pas excellente, Monsieur, car il pourroit se faire que ce ne fût pas la faute de la pluralité des suffrages, si elle ne tend pas constamment au bien commun de la Société ; peut-être que c'est nous qui l'avons détournée de sa destination naturelle ; peut-être que cet ordre de procéder en politique ne seroit sujet à aucun inconvénient, si nous ne l'avions nous-mêmes vicié & corrompu en nous éloignant des loix que la nature nous avoit prescrites. Pourquoi avons nous renoncé à la communauté des biens & à l'égalité des conditions ? Delà font nés les intérêts particuliers qui ont changé nos qualités fociales en des paſſions effrenées. Pourquoi notre Auteur, qui n'a pas connu cette premiere vérité, s'en prend-il à la pluralité des ſuffrages, ſi elle ne peut pas empêcher tout le mal que les intérêts particuliers doivent produire ? Si par l'établiſſement des propriétés foncieres, nous nous ſommes mis dans l'impuiſſance d'avoir une forme de gouvernement qui prévienne tous les abus, eſt-il juſte de préſenter quelques inconvénients, attachés par notre faute à la plus ſage inſtitution, comme un motif de la décrier & de la rejetter ? Je vous le demande, Monſieur, la pluralité des ſuffrages ne ſeroit-elle pas la méthode la plus ſûre & la plus ſage pour parvenir à la fin que ſe propoſe la Société, ſi les Citoyens étoient plus occupés du bien public que de leurs intérêts particuliers ? Notre Auteur a eu tort de ne pas appercevoir cette vérité ; s'il l'eût apperçue, jamais en voulant nous tracer l'ordre naturel & essentiel des Sociétés, il n'auroit attaqué la pluralité des suffrages ; & pour rendre cette méthode aussi salutaire qu'elle peut l'être à des créatures dont l'intelligence est bornée, il nous auroit dit de diminuer nos passions : il nous auroit appris que tout l'art de la politique consiste à diriger de telle maniere nos affections, que nous trouvions un plaisir à nous sacrifier à la Société. Au lieu de ne nous occuper que de propriétés foncieres, d'agriculture, de classe stérile, de produit net, de commerce, d'argent & de fortune, il auroit vu qu'il falloit commencer par régler les mœurs ; que sans elles tout est mauvais, mais qu'avec leur secours l'homme peut encore espérer d'être heureux.

*Je suppose*, dit notre Auteur (1), *que l'avis le plus nombreux soit dicté par des intérêts particuliers, & que le moins nombreux ait pour lui l'évidence ; n'est-il pas monstrueux que ce soit le premier qui l'emporte, & que la forme*

_______________

(1) Chap. 18, p. 231.

*du Gouvernement fourniſſe à leur mau-*
*vaiſe volonté un titre qui lui donne le*
*droit de triompher de l'évidence même ?*
Quel blaſphême, Monſieur ! Après
tout ce que notre Auteur a dit du
pouvoir irréſiſtible de l'évidence,
eſt-il poſſible qu'il faſſe une ſuppo-
ſition ſi biſarre ? Mais, raillerie à
part, je crois, malgré les affronts
que l'évidence reçoit tous les jours
de la part des intérêts particuliers,
que la pluralité des ſuffrages eſt encore la méthode la plus ſage de procéder ; car enfin, avec votre deſpotiſme, eſpérez-vous de voir ſur le
Trône un Prince exempt de la loi
commune de l'humanité ? Si votre
Deſpote eſt homme, il ſera gouverné par l'appétit du plaiſir & l'a-
verſion de la douleur ; & ſi ſes intérêts d'homme ſont & doivent être
ſouvent oppoſés à ſes intérêts de
Monarque, ſongez que je vous for-
cerai de craindre, ſous ſon gouvernement, tous les maux que vous
redoutez avec un corps d'Adminiſtrateurs. Prenez-y garde, je vous
prouverai qu'il a les mêmes paſſions

que les Magistrats d'une République. L'immensité de sa fortune qui l'invitera à une prodigalité funeste à ses Sujets, ne l'exemptera pas même de l'avarice ; parceque cette passion tient à une certaine maniere de voir, de sentir & de juger, qui est égale dans un grand Prince & dans un petit Bourgeois. L'amour, l'intempérance, la paresse, la colére, l'envie, la jalousie, toutes les passions, en un mot, lui feront illusion, & corrompront son jugement malgré lui & sans qu'il s'en apperçoive. Votre despotisme légal deviendra nécessairement arbitraire. Si notre Auteur *ne craint point d'être contredit*, & si en effet vous n'osez le contredire, quand il dit *qu'en général l'intérêt public n'est pas dans des mains sûres, quand il s'y trouve en opposition avec les intérêts particuliers de ceux auxquels il est confié ; qu'il est au contraire évident qu'alors il a tout à craindre de ces mêmes intérêts particuliers & du desir de jouir :* je ne devine point par quels arguments vous pourrez me prouver que j'ai tort.

Si plusieurs Administrateurs & la Loi de la pluralité des suffrages ne peuvent former qu'un Gouvernement qu'il faille nécessairement proscrire , je prévois que vous allez vous trouver réduit à la plus fâcheuse extrémité. Vous - même , Monsieur , & notre Auteur , comment pourrez-vous conserver votre cher despotisme ? Il n'y a point en effet d'Etat dans le monde qui ne soit gouverné par un Conseil ou un corps d'Administrateurs ; je n'en excepte pas même la Chine , pays pour lequel vous avez une tendre prédilection. L'Empereur y a des Colaos qu'il consulte & avec lesquels il délibere ; s'il prenoit le parti de s'en passer , quelle confiance inspireroit-il à ses Sujets ? Ne devroit - il pas craindre des troubles , des révoltes & une révolution ? En effet , quel peuple ne trembleroit pas en voyant qu'il n'est gouverné que par les lumieres & la volonté d'un seul homme ? Si on étoit heureux par hazard sous le regne d'un Prince éclairé , sage & courageux , la crainte de l'avenir

empêchera de jouir du moment pré-
fent. Toutes les regles de l'administration feront incertaines & flotan-
tes, & jamais le Gouvernement n'acquerra cette tenue qui eft le fruit
des délibérations, qui ne s'affocie
qu'avec la pluralité des fuffrages, &
qui conferve feule chez un peuple
le même efprit & les mêmes maximes.

En fuppofant que l'Empereur de
la Chine décide les affaires à la pluralité des fuffrages, je puis efpérer
qu'il réfultera quelque lumiere des
débats des Colaos. Ils s'impoferont
mutuellement, parceque la paffion
du Prince ou d'un favori ne fuffira
point pour tout régler & tout ordonner, & que chacun apportera
les raifons les plus fortes pour faire
paffer fon opinion. L'intérêt particulier ne fera pas étouffé ; mais il
fera contraint de fe déguifer fous le
mafque du bien public. Supprimez
la pluralité des fuffrages, & il me
femble que les intéréts particuliers
ou les paffions produiront fur le
champ les effets les plus funeftes.

L'ame affaissée des Colaos n'aura
point ce courage naturel à un homme qui a une opinion , & qui ose
en répondre ; quelque parti qu'on
prenne , tout lui sera à peu près indifférent. Plus le Monarque sera jaloux de son autorité & de son senti-
ment , plus vous verrez ses Ministres
attentifs à l'étudier , à le deviner ,
& à penser d'avance comme lui, pour
fixer sa confiance fugitive & le dominer. Que d'artifice & d'adresse on
emploiera ! que d'intrigues & de
cabales sourdes agiteront la Cour !
& c'est alors que le Colao le plus
honnête homme sacrifiera tout à ses
intérêts particuliers.

Ce n'est pas tout, Monsieur ; faites attention , je vous prie , que
notre Auteur compte beaucoup sur
les Magistrats pour empêcher que
son despotisme légal ne dégénere en
despotisme arbitraire. Mais je ne
devine point comment les Tribunaux de la Chine qui, selon lui, servent le Gouvernement avec tant de
succès, peuvent agir , si ce n'est pas

à la pluralité des suffrages qu'ils prennent leurs résolutions. Si cette méthode est contraire à l'ordre naturel & essentiel des Sociétés, pourquoi les Chinois s'en trouvent-ils si bien ? S'ils ont imaginé quelque autre moyen pour faire agir ces nombreuses compagnies, pourquoi notre Auteur a-t il la barbarie de nous en faire un secret ?

Non, Monsieur, quelque gouvernement qu'adoptent les hommes, jamais ils ne pourront se passer d'admettre la loi de la pluralité des suffrages. C'est une nécessité à laquelle la Nature nous a soumis, puisqu'elle nous a donné des connoissances si bornées, & qu'il n'y a aucun de nous qui n'ait besoin des lumieres de ses semblables pour parvenir à la vérité. Notre foiblesse & nos erreurs nous avertissent que nous sommes égaux, & servent à resserrer les liens de la Société en nous rendant tous nécessaires les uns aux autres. Notre Auteur veut en vain prescrire la pluralité des suffrages ſous prétexte que l'ordre (1) *ne peut & ne doit avoir rien de dangereux, attendu que le propre de l'ordre eſt de tendre néceſſairement au plus grand bien poſſible, & que, dans l'ordre, le plus grand bien poſſible arrive néceſſairement.* Je conviens que l'établiſſement des propriétés foncieres & l'inégalité des conditions ont tellement changé l'état naturel des hommes, c'eſt à-dire, irrité les paſſions & multiplié les intérêts particuliers, que la loi de la pluralité des ſuffrages eſt incapable de prévenir tous les abus ; mais, ſi elle ne les prévient pas tous, n'en prévient-elle pas beaucoup ? Parceque nous nous ſommes écartés de la fin que nous propoſoit la Nature, faut-il nous en écarter encore davantage ? Que notre Auteur me permette de lui demander ce qu'il faut entendre par ce qu'il appelle *le plus grand bien poſſible.* Eſt-ce un bien ſans mêlange de mal ? La Nature humaine ne le comporte pas ; puiſque nous ſommes

______

(1) Chap. 18, p. 226.

hommes , subissons le sort des hommes. Cette expression du *plus grand bien possible* ne sert à notre Auteur qu'à faire des sophismes. Que n'a-t il commencé à rechercher de quelle sorte de bonheur nous sommes susceptibles ; que n'a-t il vu que le meilleur Gouvernement n'est pas celui qui est sans défauts, mais celui qui en a le moins. Si quelques inconvénients , attachés à la pluralité des suffrages, suffisent pour qu'on ne doive plus y recourir, il faudra obéir non pas à un despotisme légal , mais au despotisme le plus arbitraire ; & alors quelles calamités n'affligeront pas la Société ?

J'en viens enfin , Monsieur, au dernier argument de notre Auteur, pour prouver que la Société ne doit pas être gouvernée par un corps d'Administrateurs. *En général , dit-il* (1) *, les grands Propriétaires croient que le peuple est fait pour eux, & que tout leur est dû. Le peuple, à son tour, envieux de l'état des grands Propriétaires, est souvent tenté de regarder comme une*

_______________

(1) Chap. 18, p. 235.

*injustice, l'inégalité du partage entre eux & lui ; & cette opinion tend à l'aveugler sur le choix des moyens de rétablir entre eux & lui une sorte d'équilibre.* Premierement, vous me permettrez de remarquer que cette opinion est au contraire très propre à éclairer le peuple sur les moyens d'établir une sorte d'équilibre, ou, si vous le voulez, une moins grande différence entre lui & les riches. En second lieu, dans tous les Etats où cette opinion a été répandue, elle a enfin réussi à bannir la prodigieuse inégalité qui se trouvoit entre les Citoyens ; & le Gouvernement n'a été corrompu ni par les vices de la richesse, ni par les vices de la pauvreté. Notre Auteur conclut de son raisonnement *qu'on ne peut, sans de nouveaux inconvéniens, choisir les Administrateurs dans l'un de ces deux Etats exclusivement à l'autre. Chacun,* dit-il, *a des systêmes, ou plutôt des préjugés qui lui sont propres, & qui ne permettent pas que l'un puisse gouverner, sans que l'autre ne soit accablé du poids de l'autorité.* Cela est vrai,

Monsieur, un ordre de Citoyens qui sera exclu de l'administration, sera néceffairement facrifié aux ordres qui ont part au Gouvernement ; mais quel homme fenfé & ami du bien public a jamais établi fa politique fur de pareilles exclufions qui ne font propres qu'à divifer, corrompre & avilir une Nation ? A l'exception de la Pologne, toutes les Dietes & tous les Etats généraux, connus en Europe, n'admettent ils pas à leurs délibérations ces différentes claffes de Citoyens ? Enfin je prends notre Auteur par fes propres paroles ; je crains qu'un feul Adminiftrateur ne croie, comme les grands Propriétaires, que tout lui eft dû : fi cela eft, quel avantage le peuple trouvera-t-il fous fon adminiftration ?

# LETTRE IX.

*Du Despotisme. Doutes sur la maniere dont il faudroit peut-être procéder dans la recherche de l'ordre naturel des Sociétés. Du Gouvernement modéré. Du pouvoir & du secours des mœurs dans l'administration des Etats.*

APRÈS avoir fait main basse sur tout ce qui peut être favorable à l'Aristocratie, au Gouvernement populaire & même à ce que nous appellons une Monarchie tempérée, notre Auteur demande enfin (1) quelle est la meilleure forme de Gouvernement, quelle est celle qui se trouve si parfaitement conforme à l'Ordre naturel & essentiel de la Société, qu'il ne puisse en résulter aucun abus. Je me hâte, Monsieur, de répondre avec lui, c'est celle qui ne permet pas qu'on puisse gagner en gouvernant mal, & qui assujettit au contraire celui qui gouverne à n'avoir pas de plus

_______________________

(1) Chap. 19, p. 238.

*grand intérêt que de bien gouverner.*
Malheureusement cette réponse,
qui ne dit rien à force d'en trop
dire, a besoin d'un long commentaire ; & si je demande quelle est
cette forme merveilleuse de gouvernement, je recevrai dix réponses
différentes ; car il n'y a point de
gouvernement, quelque vicieux
qu'il soit, qui n'ait de zelés défenseurs, & qu'on ne fasse valoir en
le louant avec ostentation, ou en
cachant avec art le mal qu'il fait.
S'il en faut croire notre Auteur,
ce n'est que dans le Despotisme le
plus complet qu'on peut trouver
le point de perfection qu'il cherche;
il ne peut se passer d'un Despote
dont la volonté entraîne, subjugue
& soumet toutes les volontés ; &
pourvu que cette puissance soit
héréditaire, il nous avertit que nous
allons être heureux.

*Un Prince* (1) *qui regne par droit
de succession, est Propriétaire né de*

______

(1) Chap. 19, p. 244, 247, 251, &
Chap. 21, p. 276.

la Souveraineté dont les intérêts font les mêmes que ceux de la Nation ; il ne peut donc trahir ceux de la Nation, qu'il ne trahiſſe ceux de la Souveraineté qui ſont les ſiens propres : or il ſeroit contre nature qu'il le fît avec connoiſſance de cauſe.... Les plus grands intérêts du Souverain étant attachés évidemment à l'obſervation de l'ordre, il ne peut s'élever contre l'ordre ſans trahir ſes intérêts évidents ; & comme on ne peut jamais lui ſuppoſer de telles intentions qui ſeroient contre nature, on peut dire qu'il peut tout, excepté ce qui lui eſt impoſſible de vouloir..... Notre Auteur ne s'en tient pas là ; un Souverain, dit il encore, dont les intérêts ſont inſéparablement unis à ceux de la Nation dont il eſt le Chef, doit certainement chercher à lui procurer tous les avantages qu'elle attend d'une telle adminiſtration. Le meilleur état poſſible du Souverain ne peut s'établir que ſur le meilleur état poſſible de la Nation. A ce trait on peut voir que cette forme de Gouvernement porte ſur le caractere ſacré de l'Ordre naturel & eſſentiel des

*Sociétés ; car le propre de cet ordre est de tenir tous les Membres d'une Société dans une telle dépendance réciproque qu'aucun d'eux ne puisse agir pour ses propres intérêts qu'il n'agisse en même-temps pour l'intérêt commun des autres..... Il est contre nature de supposer dans un Souverain aucune mauvaise volonté évidente, un dessein manifeste de trahir évidemment ses propres intérêts dans ceux de ses Sujets, & de travailler ainsi lui-même à l'anéantissement de sa Puissance & de sa Souveraineté.*

Voilà une fort belle théorie : mais si dans la pratique presque tous les Despotes ont séparé très distinctement leurs intérêts de ceux de leur Nation, il faut bien qu'il y ait quelque cause secrete qui empêche que le Despotisme ne fasse le bien que notre Auteur en attend. De deux choses l'une, ou les raisonnements que vous venez de lire ne valent pas grand chose, ou l'histoire ne nous rapporte que des contes incroyables. Si je perds mon temps à vous parler de ce que

vous favez mieux que moi , c'eſt-
à-dire , à vous faire une peinture
des maux que l'ambition, l'avarice,
la dureté , la pareſſe & l'indolence
des Deſpotes ont faits ; ſans m'é-
tendre ſur leurs vices, ſi je m'arrête
aux déſordres que leurs foibles
vertus & leurs foibles talents n'ont
pû prévenir ; & que je vous prouve
qu'on ne peut douter de la réalité
de ces malheurs, que me répondrez-
vous de ſatisfaiſant ? Me direz-vous
avec notre Auteur, que ces déſordres
n'ont pû arriver que dans des *Na-*
*tions ignorantes qui n'étoient pas par-*
*venues à une connoiſſance évidente &*
*publique de l'Ordre naturel & eſſentiel*
*des Sociétés ?* En ce cas j'inſiſte, &
je demande pourquoi le deſpotiſme,
ſi ſalutaire par ſa nature, & qui
invite continuellement le Souverain
à chercher ſon bonheur particulier
dans le bonheur public , ne parvient
pas enfin à chaſſer des Nations cette
ignorance qui fait tant de mal. Par
exemple , pourquoi ce deſpotiſme
ſi ancien , ſi héréditaire , ſi conſtant
chez les Turcs , laiſſe-t-il ce pauvre

peuple dans l'ignorance la plus profonde des vérités fociales, c'eſt-à-
dire, des vérités les plus néceſſaires
au bonheur de la Société, & qui
font ſi triviales dans les Républiques
& dans les Monarchies tempérées ?
Par quel hafard le Grand Seigneur,
dont l'Empire eſt établi depuis long-
temps, ne s'eſt-il pas encore douté
qu'étant Propriétaire né de la Souveraineté, il eſt de ſon intérêt de
ne pas dévaſter ſes Etats ? S'il le
voit, pourquoi ne cherche-t-il pas
ſon meilleur état poſſible dans le
meilleur état poſſible de la Turquie ?
Pourquoi l'Empereur de la Chine,
votre ami, qui regne ſur un peuple
inſtruit par Confucius, & dont vous
eſtimez tant les lumieres & la ſageſſe, laiſſe-t-il ſubſiſter le luxe
ſcandaleux de ſes Vice-Rois, de
ſes Colaos & des Mandarins ; tandis
que ſon pays eſt innondé de men-
diants, d'enfants qu'on expoſe dans
les grands chemins, & d'hommes
laſſés de leur miſere qui vendent
leur liberté avec celle de leur famille ? Pourquoi n'eſt-il pas encore
parvenu

parvenu à ne pas redouter ſes Sujets? Pourquoi craint-il encore leurs révoltes ? Pourquoi, ne cherchant qu'à les intimider, ne fait-il que des lâches qui le défendront mal contre les étrangers ?

Si les intérêts d'un Prince deſpotique lui paroiſſoient inſéparablement unis à ceux de la Nation dont il eſt le Chef, il me ſemble qu'il travailleroit ſans ceſſe à connoître & à répandre les vérités ſociales les plus importantes, & graces à ſon pouvoir elles ne ſeroient bientôt plus ignorées. Pourquoi donc l'ignorance eſt-elle plus commune dans les Royaumes deſpotiques que dans les autres Etats ? Malgré votre Ordre naturel des Sociétés & les démonſtrations de ſon Auteur, j'ai peur, Monſieur, que cette lourde apathie, qui accompagne toujours le deſpotiſme, ne ſoit pas notre deſtination naturelle. On nous dit (1) que *les hommes ne peuvent arriver à la connoiſſance évidente des vérités*

_______________

(1) Chap. 8, p. 92.

M

*sociales, que par le choc des opinions ;* par quelle inconséquence veut on donc ensuite établir le despotisme ? Ne voyez-vous pas qu'il écrase ou engourdit les esprits ? C'est sous les seuls gouvernements modérés, que les Citoyens conservent leur dignité, & trouvent dans leur amour de la Patrie un motif de s'éclairer, de s'instruire, d'aimer le bien, & les forces nécessaires pour le faire. Tout y est en action & en mouvement, tandis que les esclaves d'un Despote paroissent en quelque sorte inanimés. Ayez donc la bonté de m'apprendre sur quel fondement vous espérez qu'en établissant le despotisme chez des peuples ignorans, vous paviendrez à les éclairer ; ou qu'en l'établissant chez des peuples instruits, ils ne tomberont pas bientôt dans la plus profonde ignorance ? Le sort des Grecs & des Romains doit vous faire trembler, leurs lumieres s'éteignirent quand ils sentirent le joug d'un Maître absolu.

Ne nous faisons point illusion,

Monsieur, le passé doit nous instruire de l'avenir, & puisque le despotisme & l'ignorance ont toujours été associés jusqu'ici, soyons sûrs qu'ils le seront encore dans toute la suite des siecles : les mêmes causes produiront toujours les mêmes effets. Mais supposons pour un moment, que cette alliance cesse, & que les vérités sociales soient généralement répandues chez un peuple soumis au despotisme ; n'est-il pas évident que le bonheur public n'en sera pas le fruit ? L'histoire vous prouvera encore cette proposition ; n'y lisez-vous pas un million de faits qui vous apprennent que les vérités les plus simples & les plus claires ont été impudemment méprisées par des Princes que l'excès de leur pouvoir avoit ennivrés ? pourquoi, me demanderez-vous, les vérités sont-elles soumises à cette triste destinée ? C'est qu'elles ne parlent qu'à notre froide raison, tandis que les passions agitent notre cœur, & que notre cœur nous fait agir. Faut-il dire encore ce qu'on a déja dit cent fois, que l'esprit est la dupe du cœur ? Quand Tibere parle au Sénat en pere de la Patrie, dans le temps qu'il méditoit une injustice atroce, je ne puis douter qu'il ne connoisse ses devoirs ; pourquoi donc ne les remplit il pas ? C'est que les intérêts de ses passions étoient bien différents des intérêts qu'il avoit comme Monarque. Pour remplir les devoirs du Monarque, il faut livrer des combats & résister avec effort à des goûts agréables à l'homme ; & dès que les intérêts de l'homme & du Monarque sont séparés, les intérêts du Monarque & de son peuple ne sont plus confondus.

Vous voyez par là que le despotisme légal n'est & ne peut être qu'un mot vuide de sens. Quand un Philosophe nous révéleroit toutes les vérités dont nous avons besoin, quand il nous feroit connoître tous les moyens propres à faire fleurir la Société dans chacune de ses parties, nous n'en serions pas plus heureux ; si on nous laissoit avec un gouvernement qui ne gênât pas les paſſions, nous n'aurions point le courage de renoncer à des erreurs qui nous ſont agréables. Nos paſſions altèrent, changent & dénaturent, pour ainſi dire, les objets qui les frappent, & notre raiſon ſéduite prend pour le vrai bonheur les fauſſes eſpérances dont elles nous ennivrent. Il faut oſer nier ces propoſitions, ou convenir que notre Auteur à tort, lorſqu'il affirme (1) que dès que l'*Ordre eſt parfaitement & évidemmént connu, ſon évidence & ſa ſimplicité ne permettent pas qu'il puiſſe ſe former des héréſies ſur ce qui le concerne.* Hélas ! Monſieur, s'il y a dans le monde une vérité évidemment prouvée, c'eſt qu'il faut obéir aux loix qui ſont juſtes, & ne pas ſervir d'inſtrument à l'injuſtice ; cet axiome eſt dans la bouche de tous les hommes, & je vous prie de me dire s'ils le reſpectent. Ce n'eſt pas par des arguments métaphyſiques, que vous les rendrez ſages &

_______________

(1) Chap. 8, p. 92.

heureux , mais en tempérant les paffions qui les rendent fourds ou rebelles à la voix de leur raifon , mais en réglant de telle maniere le gouvernement qui les dirige , qu'elles femblent en quelque forte s'oublier.

Pour vous en convaincre , fuppofez qu'une Société , fous la main d'un Légiflateur habile , ceffe d'être tourmentée par l'avarice ; & en fupprimant une feule paffion , voyez combien l'efprit de juftice , qui doit animer une Nation , acquerra fubitement de force. Continuez , je vous prie , votre examen , effayez , par le fecours de quelques nouvelles loix , de détruire encore l'ambition , la vanité , l'intempérance , &c. & à mefure que les vices attachés à ces paffions différentes difparoîtront , notre raifon s'éclairera , & nous ferons bons Citoyens fans effort. Rendez - nous enfuite nos paffions , & bientôt les vérités les mieux démontrées deviendront problématiques. Il naîtra des doutes , il s'établira des préjugés impérieux , dont nous connoîtrons quelquefois la folie, mais que nous respecterons par foiblesse ou par indolence ; encouragés par la corruptions publique, nous serons vicieux sans remords, & même nous nous croirons justes en violant toutes les regles de la justice.

Si tout ne nous prouve que trop évidemment l'empire despotique des passions, il me semble, Monsieur, que pour tracer des regles sûres de conduite aux Sociétés, il ne falloit pas partir de la supposition fausse, que les passions obéissent à l'évidence. Quelle est donc la méthode que doit suivre un Philosophe ? Je crois vous avoir fait entrevoir ce que je pense à ce sujet ; mais c'est une chose trop importante pour n'y pas revenir. Me trompé-je, Monsieur, si je crois que, pour juger avec justesse des secours que la Société peut attendre aujourd'hui de la politique, on doit commencer par nous examiner tels que nous étions en sortant des mains de la Nature ? Il faut ensuite rechercher par quels moyens malheureux nous sommes parvenus à changer les qualités fociales que Dieu nous a données, en des paffions effrénées qui ont avili l'intelligence humaine.

Après avoir découvert que l'établiffement des propriétés foncieres & l'inégalité des conditions ont introduit dans le monde une foule innombrable de befoins, l'avarice, l'ambition, la prodigalité, le luxe, les grandes fortunes, l'extrême mifere, l'orgueil des Grands, la baffeffe des petits; ne feroit-il pas à propos de fe demander fi l'homme, qui a fi étrangement abufé de fa liberté, eft encore capable de rentrer dans le chemin du vrai bonheur? Tout eft-il défefpéré? A l'exception des Sauvages d'Amérique, qui font difpofés à prendre toutes les idées de leurs Miffionnaires Légiflateurs, les hommes font-ils trop éloignés de la vérité, pour en revenir à la communauté des biens & à l'égalité des conditions? Un politique qui propoferoit cette réforme, ne doit-il attendre que le fort d'Agis, quand il voulut rétablir à Lacédemone l'éga-

lité des biens avec les loix de Licur-
gue ? Il n'en faut pas conclure que
nos erreurs, à force de vieillir & de
s'accréditer, font devenues des vérités, & qu'après avoir fait notre
malheur, elles parviendront à faire
notre bonheur. S'il ne nous eft plus
permis d'obéir aux loix fimples de la
Nature, il faut du moins étudier par
quelles reffources l'induftrie humaine
peut encore remédier à une partie
des maux que l'inégalité des fortunes
a produits.

Si notre Auteur avoit fuivi, dans
fes recherches philofophiques, la
marche que je prends la liberté de
vous indiquer, croyez-vous qu'avec
les talens fupérieurs dont il eft doué,
il fût tombé dans les erreurs dont les
deux premieres parties de fon Ouvrage font pleines ? Il nous auroit
fûrement montré la vérité : au lieu
de pouffer à fon dernier terme l'inégalité des conditions, & d'en faire
le principe de fa politique, il nous
auroit dit que les hommes, pour
être heureux, devoient fe rapprocher de l'égalité naturelle autant

que leurs préjugés peuvent le permettre. Pour espérer quelque bien
de l'évidence, il auroit senti la nécessité de réprimer, de diriger, de
gêner les passions; & bien loin d'i-
maginer un despotisme légal qui ne
sert qu'à augmenter leur délire &
leur force, ses méditations l'auroient conduit à regarder le gouvernement tempéré comme le gouvernement le plus propre à réparer
les maux que les propriétés foncieres & l'inégalité des conditions ont
faits.

Les passions du Prince sont trop
libres dans le despotisme, celles du
peuple dans la pure Démocratie,
& celles des Grands dans l'Aristocratie; de là cet esprit d'injustice qui
forme leur caractere, & ces loix
partiales qui presque partout sacri-
fient une partie de l'Etat à l'autre.
Ouvrez l'Histoire, Monsieur, &
vous verrez que les peuples, vexés
par leur avarice, leur ambition,
leur vanité, &c. se sont révoltés
cent fois contre leur gouvernement;
vous y remarquerez, s'il vous plaît,

que les seuls qui aient réussi à rendre la Société florissante, ce sont ceux qui ont imaginé de faire en quelque sorte un mêlange des divers gouvernements, & d'établir, par de sages tempéraments, une administration modérée qui prévient les abus ou les excès du pouvoir & de la liberté. Suivant que ces tempéraments ont été établis avec plus de sagesse, le gouvernement a subsisté plus long-temps, & a produit de plus grands biens ; à mesure qu'un Ordre de l'Etat a réussi à déranger cette harmonie, on a vu renaître les injustices ; & plus ses entreprises ont réussi, plus ses vexations ont été criantes.

Les Romains & plusieurs peuples modernes vous diront, Monsieur, qu'il faut que les pouvoirs se balancent réciproquement, & que ce n'est que par ce balancement, que tous les Citoyens, malgré l'inégalité de leur fortune, peuvent se rapprocher de l'égalité naturelle, & jouir de la sûreté pour laquelle ils se sont réunis en société. Les passions, disent-ils, sont alors réprimées, parcequ'elles n'ont aucune espérance de réussir dans leurs entreprises ; elles sont alors dirigées vers le bien public, parceque chacun est content de sa condition particuliere. Chaque Citoyen vit en paix & en sûreté sous la protection de toute la classe de Citoyens dont il fait partie, & la considération dont chaque Ordre jouit, ne permet pas que la loi devienne oppressive. Chaque Ordre est le Censeur des autres, & c'est en s'examinant mutuellement, qu'ils se forcent tous à rester dans la dépendance des loix. Alors tout tend au bien général ; les vérités les plus essentielles au bonheur de la Société se présentent d'elles-mêmes aux esprits ; & l'évidence, si vous le voulez, triomphera des passions, parcequ'elles sont gênées & n'ont aucun intérêt de lui résister.

Je viens, Monsieur, de vous exposer les idées générales du gouvernement mixte que notre Auteur appelle, dans le vingt unieme Chapitre, *le systéme chimérique des contreforces* ; & je devrois sans doute vous pré-

fenter ici les fcrupules ou les doutes
que fa doctrine m'a laiffés ; mais
cette matiere importante mérite une
Lettre à part , & je terminerai celle-
ci par quelques réflexions qui naif-
fent naturellement de la doctrine
que je viens d'établir.

S'il eft vrai , Monfieur , que les
paffions aient tant d'empire quand
le gouvernement ne leur met pas
un frein falutaire ; s'il eft vrai que
les loix foient inutiles quand les
paffions parviennent à gouverner ;
n'en devons nous pas conclure qu'il
faut regarder les bonnes mœurs
comme la bafe & le fondement
de la Société , & que le gouvernement le plus propre à étendre
& conferver les vertus fociales ,
eft par conféquent le gouvernement
le plus fage. Que devient donc
votre defpotifme légal ? Vous flat-
tez-vous que votre Defpote n'écou-
tera & ne confultera que les loix
naturelles ? Aux mœurs qui tiennent
la premiere place dans les inftitutions politiques , pourquoi notre
Auteur fubftitue-t-il éternellement

l'agriculture, & pourquoi cette agriculture, plus ou moins floriffante, eft-elle la regle par laquelle il veut juger de la fageffe d'un gouvernement ? En regardant toujours l'augmentation du *produit net* des terres comme le plus grand bien, en parlant des falaires dûs aux Magiftrats pour leurs peines, efpere-t-il d'élever les ames, d'éteindre la cupidité, & de mettre dans la Société un reffort qui en multiplie les forces & qui affermira le bon ordre & la paix entre les Citoyens ?

*La Souveraineté héréditaire*, dit-il (1), *rend le Souverain Co-propriétaire du produit de toutes les terres de fa domination.* Je doute fort que ce principe foit propre à mettre de la modeftie dans les mœurs ; mais fans m'arrêter à cette penfée, je dis que l'axiome de notre Auteur ne produira point le bien qu'il attend. Qui lui répondra que de cette copropriété naîtra une agriculture plus floriffante ? Si le Souverain,

_______________

(1) Chap. 19, p. 247.

aveuglé par ses passions ou par celles de ses Courtisans, n'est pas plus sage que certains Propriétaires qui dégradent & ruinent leur héritage, ménagera-t-il en pere de famille sa co-propriété ? Je crains qu'une trop grande fortune ne produise l'avarice ou la prodigalité.

Le Prince, ajoute-t-on, n'est Souverain *qu'autant que des forces étrangeres ne viennent point ou ravir ou partager sa Souveraineté. Il est donc encore de la plus grande importance pour lui de ne rien faire qui puisse altérer la richesse de la Nation ; parceque c'est cette richesse qui est le principe & la mesure de la puissance qui fait la sûreté de la Souveraineté.* Que diroient tous les grands hommes de l'antiquité qui ont honoré & rendu heureuse leur Patrie, s'ils nous entendoient parler politique sur ce ton de financier ou de commerçant ? Tout Etat qui regardera les richesses comme le principe & la mesure de sa sûreté, est un Etat perdu ; ou va l'être, s'il a un ennemi assez sage pour penser que les vertus mili-

taires & civiles & une bonne dif-
cipline font feules la caufe des fuccès
& le vrai rempart d'un Royaume.
Je ne fais fi je me trompe, mais
il me femble qu'un Etat qui n'eft
occupé que de fes richeffes, doit-
être toujours pauvre; parceque fes
Citoyens, avares & mercenaires,
épuiferont fon tréfor quelque im-
menfe qu'il puiffe être, & force-
ront le gouvernement à faire des
vexations. Il y a une analogie, une
liaifon, un rapport fecret entre les
vices, de même qu'entre les vertus;
& je gagerois qu'un Souverain qui
établira la fûreté de fa fortune fur
fes richeffes, fera avare. Je vous
prie, Monfieur, d'approfondir cette
penfée; fi elle eft vraie, vous conviendrez fans peine que l'argument
de notre Auteur n'eft pas d'une
grande force pour raffurer les Sujets
de fon Defpote légal.

# LETTRE X.

*Examen des raisonnemens de notre Auteur sur la nature du Gouvernement mixte, ou sur ce qu'il appelle le système des contreforces. Conclusion de cet Ouvrage.*

DANS la derniere Lettre que j'ai eû l'honneur de vous écrire, Monsieur, je vous ai promis d'examiner les raisonnements de notre Auteur sur ce qu'il appelle les *contreforces* ; je vous tiens parole, & voici mes doutes. Il s'agit ici de la matiere la plus importante dont la politique puisse s'occuper. Si notre Auteur a raison sur cet article, il ne faut pas balancer à adopter son système du despotisme légal; l'admiration que nous avons pour les Grecs & les Romains, n'est plus qu'une folie dont nous devons nous corriger ; les peuples qui ont pris quelques précautions contre la tyrannie, ne sont plus que des insensés ; & les Monarchies tempérées

qui veulent avoir des loix fonda-
mentales par lesquelles l'autorité
du Prince est bornée, ne se gouvernent encore que par des principes grossiers & barbares. Quelle
révolution va se faire en Europe,
si notre Auteur est armé de cette
évidence à laquelle rien ne résiste?
Mais à vous parler franchement,
je crois que nous resterons tous
dans la situation où nous nous trouvons ; car il me semble que les
contreforces ne sont pas attaquées
par de meilleurs arguments que
ceux dont j'ai eu l'honneur de vous
entretenir jusqu'ici.

*Les principes du Gouvernement,*
dit notre Auteur (1), *sont évidents,*
*ou il ne le sont pas : s'ils le sont,*
*toutes les forces & toute l'autorité sont*
*acquises à leur évidence ; ainsi les*
*contreforces,* continue-t-il, *ne peu-*
*vent avoir lieu ; il n'y a pour lors*
*qu'une seule force, parcequ'il n'y a*
*qu'une seule volonté.* Vous voyez
bien, Monsieur, que j'avois raison

_______________

(1) Chap. 21, p. 266.

de vous dire que l'ouvrage qui nous occupe, ne causera pas en Europe la conversion subite que les écrits de Confucius produisirent autrefois à la Chine. Quand les principes du gouvernement seroient évidents, je ne vous passerois point que toutes les forces & toute l'autorité fussent acquises à l'évidence. Puisque notre Auteur en revient à la force de son évidence, j'en reviens de mon côté à la force de mes passions. Il me paroît fort extraordinaire qu'un Philosophe puisse imaginer que dans un gouvernement, où les propriétés foncieres & l'inégalité des conditions sont établies, toutes les volontés puissent se réunir pour aimer, défendre, protéger & conserver les principes d'une administration qui est inégalement avantageuse à ceux mêmes qu'elle favorise le plus & qui est préjudiciable à tout le reste. Dans une pareille Société, tous les ordres de Citoyens tendent à se mettre réciproquement mal à leur aise ; & bien loin qu'on n'y voie qu'une seule force & une seule volonté en faveur du gouvernement , il faut s'attendre à y trouver des mécontents , c'est-à-dire , des ennemis secrets qui voudroient changer la constitution présente pour se la rendre plus favorable.

Poursuivons. *Si au contraire*, dit notre Auteur , *les principes du gouvernement ne sont pas évidents, l'établissement des contreforces est une opération impraticable.* Je me trouve, Monsieur, dans un grand embarras; qui croirai-je de ce Chapitre vingt-unieme qui m'assure que l'établissement des contreforces n'est qu'une chimére , ou du Chapitre précédent qui m'apprend que c'est une opération quelquefois utile ? Voici les propres paroles de notre Auteur (1) : *dans l'état d'ignorance l'autorité est plus dangereuse dans les mains d'un seul qu'elle ne l'est dans les mains de plusieurs ; parceque dans cette seconde espece de gouvernement , la mauvaise volonté peut trouver des oppositions*

_______________

(1) Chap. 20, p. 256.

pour faire le mal , comme la bonne
volonté peut en trouver pour faire le
bien : les intérêts particuliers s'entre-
fervent fouvent de contrepoids. Mais
paſſons cette legére inadvertence.
Quelle contreforce , dit-on , *peut-on
oppofer à celle de l'ignorance , ſi ce
n'eſt celle de l'évidence ?* Que veulent
dire ces mots vuides de fens ? Pourquoi faire cette demande qui ne
fignifie rien ? Jamais il n'a été
queſtion chez les politiques d'oppofer des contreforces à l'ignorance ,
les hommes ne cherchent qu'à la
détruire , elle n'eſt point un reſſort
du gouvernement. Mais on veut
oppofer des contreforces à l'autorité , parceque l'autorité eſt néceſſaire dans toute Société , & qu'on
a fouvent éprouvé qu'en ne la
partageant pas en différentes branches , elle étoit capable d'oublier
fon devoir & de fe porter même aux
excès les plus pernicieux.

*Comment diſſiper les ténébres de
l'erreur ,* ajoute notre Auteur, *ſi ce
n'eſt par la lumiere de la vérité ?
Qu'eſt-ce que c'eſt que le projet de*

choisir un aveugle pour servir de guide à un autre aveugle ? On craint l'ignorance dans le Souverain, & pour empêcher qu'elle ne l'égare, on lui oppose d'autres hommes qui ne sont pas en état de se conduire eux-mêmes ; voilà ce qu'on appelle des contreforces. Il faut convenir qu'elles sont bien mal imaginées ; qu'il est inconcevable qu'on ait pû se persuader que l'ignorance pût servir utilement de contreforce à l'ignorance. Je ne sais de quel nom appeller cet assemblage de mots, car je veux être honnête. Mais, Monsieur, si on craint avec raison l'ignorance d'un Souverain, pourquoi seroit-il si absurde de partager de telle sorte la puissance souveraine, que rien ne pût être ordonné sans avoir été discuté auparavant avec soin ? Pourquoi n'établiroit-on pas dans l'Etat des puissances rivales qui ne pourroient agir qu'en se conciliant ? Cette méthode me paroîtroit assez bonne chez un peuple qui ne seroit pas encore parvenu à connoître toutes les vérités politiques ; car elle le forceroit à penser

& à s'inſtruire. Elle ne ſeroit pas moins avantageuſe dans une Nation éclairée, pour empêcher qu'elle ne s'engourdît & ne tombât dans l'ignorance. Pourquoi notre Auteur feint-il toujours d'oublier qu'il y a dans le monde des paſſions qui le gouvernent, & qu'elles ſont bien plus à craindre que l'ignorance? Le partage de l'autorité, d'où réſultent des contreforces ou un gouvernement mixte, ne permet pas aux hommes qui gouvernent, de ſe livrer à leur pareſſe, à leur nonchalance, à leur avarice, à leur ambition, il les oblige à penſer avant que d'agir, & à ne pas préférer groſſierement leurs intérêts particuliers à l'avantage public.

Il ſe paſſe alors dans la Société ce qui ſe paſſe dans chacun de nous. Remarquez avec moi l'artifice admirable avec lequel la Nature a placé dans le cœur de chaque homme des contrepoids ou des contreforces qui lui ſont néceſſaires pour interroger & écouter ſa raiſon. Ne vous eſt il jamais arrivé, Monfieur, que pour triompher d'une paſſion, vous en ayez appellé une autre à votre ſecours ? Pour moi, je vous l'avoue, avec les plus beaux raiſonnements du monde ſur la nature de mes devoirs, ma raiſon ne m'auroit donné quelquefois que des conſeils inutiles, ſi je n'avois eû recours à ma vanité, à ma pareſſe, à la crainte, pour étouffer une autre paſſion qu'il m'auroit été doux de ſatisfaire. Notre raiſon ſe ſert de nos paſſions mêmes pour les combattre les unes par les autres. C'eſt ce même artifice que la politique emploie pour contenir les paſſions d'un Magiſtrat par celles d'un autre Magiſtrat ; voilà l'objet des contreforces ou du partage de l'autorité. Imaginez ce que ſeroit un homme qui n'auroit qu'une paſſion ; de quelle regle ſeroit-il ſuſceptible, à quoi lui ſerviroient les connoiſſances qu'on lui auroit données, quel langage pourroit lui tenir ſa raiſon, ſeroit-il capable de délibérer & de conſulter ? Faites-vous une image de ce caractere indomptable, &

vous

vous aurez l'idée de votre despo-
tifme légal.

En un mot, Monfieur, il n'eft
queftion ni de contreforces d'ignorance ni de contreforces d'évidence,
expreffions qui ne fignifient rien ou
qu'on n'entend point ; il s'agit d'établir des contreforces entre les Ma-
giftratures, pour qu'on ne foit pas
la victime de l'ignorance & des
paffions des Magiftrats. Jettez les
yeux fur le Traité des Loix de
Cicéron, & vous verrez qu'il falloit
à Rome la contreforce des Tribuns
du Peuple pour empêcher que les
Confuls, le Sénat & les Patriciens
n'abufaffent de leur pouvoir ; il
falloit la contreforce du Sénat &
des Confuls pour empêcher que le
Peuple ne perdît la République par
fes caprices : fans l'action de ces
différents pouvoirs, les loix toujours
partiales n'auroient acquis aucune
autorité, ou n'auroient fervi qu'à
opprimer les foibles : Rome auroit
été auffi mal gouvernée qu'Athènes.
Sans remonter aux Peuples anciens,

N

considérez quel est l'effet de ces contreforces dans le gouvernement d'Angleterre. Elles empêchent qu'un ordre n'acquierre une autorité supérieure aux loix & n'écrafe les autres ; elles retiennent jusqu'à un certain point les paffions du Prince, des grands & des communes, & les effets qui en réfultent feroient bien plus avantageux à la Nation, fi l'équilibre des pouvoirs étoit établi fur de plus fages proportions. Je ferois trop long fi je voulois vous rapporter ici tout ce que les Ecrivains Anglois difent en faveur de leur gouvernement, vous les connoiffez fans doute, & le réfultat de toutes leurs réflexions, c'eft que fans le fecours des contreforces leur gouvernement dégénéreroit en pur defpotifme, en pure ariftocratie ou en pure démocratie ; & que l'ordre qui domineroit fans contradiction, attireroit à lui tous les avantages de la Société, qui font actuellement partagés, comme l'autorité, entre le Prince, les grands & les communes.

Tandis que l'Angleterre, la Suede, l'Empire, les Provinces-Unies, la Suisse, ne se gouvernent que par des contreforces, comment notre Auteur a-t-il pu dire que l'établissement de cette politique *est une opération impraticable ?* Ce qui sera véritablement impraticable dans les pays que je viens de nommer, c'est l'établissement des principes de notre Auteur. Après que son ouvrage aura été traduit en Anglois, quel sera votre étonnement, si le Parlement ne remet pas entre les mains du Roi la portion de la puissance législative dont il jouit ? Je crains que vous n'éprouviez cette mortification. J'entends dire que notre gouvernement ne goûte pas votre Doctrine, le Prince est trop éclairé pour vouloir de votre despotisme légal, qui doit nécessairement dégénérer en despotisme arbitraire. Il sait combien il importe qu'il y ait des loix fixes & certaines; & à l'exemple de ses prédécesseurs, il a déclaré plusieurs fois qu'il vouloit gouverner conformément à ces loix. Vous tirerez du moins un avantage de votre disgrace, elle vous apprendra à vous défier de vos opinions ou des forces de l'évidence sur laquelle vous avez imprudemment trop compté.

Les raisonnements de notre Auteur sont admirables ; je vous prie de ne rien perdre de celui-ci. *En adoptant même cette chimere des contre-forces, ne voit-on pas, dit-il (1), qu'il est impoſſible de s'aſſurer que chaque force ſera demain ce qu'elle paroît être aujourd'hui ? Je dis ce qu'elle paroît être, car on ne peut jamais avoir aucune certitude de ſon véritable état actuel, vû qu'il dépend de diverſes diſpoſitions morales qui peuvent bien être préſumées, mais non pas connues avec évidence. Ainſi, à conſidérer ces contre-forces dans le premier moment de leur inſtitution, dans l'action même de les former, on voit qu'elles ne ſont qu'un jeu ridicule de l'opinion. A tout cela,*

______

(1) Chap. 21, p. 266.

je réponds que les contreforces font établies conformément à l'opinion qui conftitue l'efprit national d'un peuple , & qu'elles l'affermiffent ; ainfi on peut autant compter fur les contreforces que fur le caractere d'une Nation. Voit·on que les peuples changent brufquement de génie & de mœurs ? J'en appelle à l'expérience ; & après que leurs loix ont fouffert différentes révolutions , ne retrouve·t·on pas encore , au milieu des ruines de leur premier gouvernement , des reftes de fon premier efprit ? Que la métaphyfique eft quelquefois déplacée dans les chofes morales ! Il eft auffi certain que demain l'efprit national des Anglois fera tel qu'il eft aujourd'hui , qu'il eft fûr que le foleil fe levera. J'avoue que ces deux propofitions ne peuvent pas fe démontrer avec évidence ; mais la politique fe contente de ces légeres vraifemblances pour établir fes raifonnemens , & j'efpere que vous ne me prendrez pas pour un étourdi fi j'ofe y compter.

N iij

*Ceux*, dit-on, *qui ont imaginé le
syflême des contreforces, ont penfé que
le pouvoir du Souverain pouvoit être
modifié par un autre pouvoir oppofé,
tel que celui d'une puiffance établie pour
en être le contrepoids, & le balancer. Si
dans l'exécution de cette idée bifarre,
on pouvoit parvenir à inftituer deux
puiffances parfaitement égales, féparément elles feroient toutes deux nulles.*
Notre Auteur entend il, Monfieur,
qu'on veuille former deux puiffances égales, pour les mettre l'une &
l'autre en oppofition, & les empêcher d'agir ? Entend il que ces deux
puiffances, femblables à deux poids
égaux mis dans les deux baffins
d'une balance, refteront dans un
parfait équilibre ? Ce feroit là ce
qu'on appelleroit avec juftice une
idée bifarre. Mais ne doit-on pas
fentir que cet équilibre, ou cette
égalité de forces qui, dans le phyfique fufpend toute action, eft impoffible dans les chofes morales ?
Quand cet équilibre feroit pratica-
ble, il n'y auroit jamais eu de Lé-

giſlateur ni de peuple aſſez imbécille pour vouloir l'établir ; car on
ne peut avoir les notions les plus
ſuperficielles de la Société , ſans
connoître que l'action de la puiſſance légiſlative & des Magiſtrats
lui eſt néceſſaire , & qu'arrêter cette
action , c'eſt détruire le corps politique.

Les contreforces , en politique ,
ſont établies , non pas pour priver
la puiſſance légiſlative & la puiſſance exécutrice de l'action qui leur
eſt propre & néceſſaire , mais afin
que leurs mouvements ne ſoient ni
convulſifs , ni peu médités , ni trop
rapides , ni trop prompts. On établit
des puiſſances rivales pour que les
loix aient un pouvoir ſupérieur à
celui des Magiſtrats , & que tous les
ordres de la Société aient des protecteurs ſur leſquels ils puiſſent
compter. On établit un gouvernement mixte , afin que perſonne ne
ſoit occupé de ſes ſeuls intérêts particuliers , & qu'étant obligé de les
concilier avec les intérêts particu-

liers des autres, chaque membre de l'Etat travaille malgré lui au bien public. En Angleterre, par exemple, le Roi ne peut faire aucune loi fans le Parlement, & le Parlement ne peut faire aucune loi fans le Roi; n'en concluez pas que les Anglois n'aient point de loix. Le Roi, les Pairs & les communes font feulement forcés, par cette conftitution, de fe rapprocher pour qu'un Bill ait force de loi; aucun de ces trois membres du corps légiflatif ne fouffrira d'être facrifié aux deux autres; le gouvernement s'affermit, l'habitude lui donne des forces, & la Nation a des loix impartiales & également favorables à la prérogative Royale, à la dignité des Pairs, & à la liberté du peuple.

Il eft bifarre de vouloir comparer l'équilibre phyfique & l'équilibre moral, ou de penfer que leur effet eft le même. Un corps qui agit fur un autre corps avec une force fupérieure, rend nulle la réfiftance du corps qui lui eft oppofé; celui-ci eft toujours obligé de céder. S'il en étoit ainsi dans le moral, les contreforces politiques ne seroient bonnes à rien. Dès qu'une puissance auroit commencé à prendre quelque ascendant sur celle qui lui sert de contrepoids, elle la domineroit nécessairement ; mais on voit tous les jours arriver le contraire, & le premier avantage qu'elle remporte, n'est quelquefois que l'avantcoureur d'une disgrace. En paroissant accroître ses forces, elle en communique à sa rivale, & c'est souvent quand celle-ci paroît prête à succomber, qu'elle se réveille, s'allarme, s'agite, & devient à son tour une puissance menaçante : c'est ainsi que, dans plusieurs Etats, l'oppression a produit la liberté. Que notre Auteur dise ensuite tant qu'il voudra, que, *si les contreforces étoient inégales, il n'y auroit plus de contreforces ;* vous sentez, Monsieur, que rien n'est plus aisé que de le réfuter. C'est précisément parcequ'on ne peut calculer avec précision les forces morales, &

qu'elles dépendent de cent paſſions, de cent haſards, de cent événemments différents, qu'elles ſe tiennent en équilibre. Deux puiſſances rivales ſe craignent, ſe reſpectent, s'intimident, & l'ordre ſubſiſte.

*On s'eſt perſuadé ſans doute*, ajoute notre Auteur, *qu'il en eſt des contreforces morales comme des contreforces phyſiques, qui, par la contrariété de leur direction, déterminent néceſſairement certains corps à reſter dans une ſituation mitoyenne.* Eh ! non, Monſieur, jamais aucun politique ne s'eſt mis cette folie dans la tête. Les contreforces phyſiques déterminent néceſſairement, & les contreforces morales ne font qu'inviter, induire, ſolliciter, preſſer, & leur effet n'eſt pas nul, quoiqu'il ne ſoit pas ſoumis au même genre de démonſtration que l'effet des contreforces phyſiques. Tout le monde ſait comme notre Auteur, que, *dans le phyſique, la direction donnée ne dépend point de l'opinion des choſes qui font contreforce, & que, dans le moral, au con-*

*traire, ceux qui font contreforce, peu-vent eux-mêmes changer leur direction au gré de leur opinion.* On a vu tout cela, & on a vu que, malgré ce rai-fonnement, les contreforces mora-les ont produit un effet falutaire dans les Nations où elles ont été employées. Ceux qui font contre-force changeront, il eft vrai, leur direction au gré de leur opinion ; mais permettez-moi de vous deman-der fi les hommes changent d'opi-nion fans fujet, fans caufe & au gré d'un caprice aveugle. Ceux qui font contreforce ne changeront point d'opinion, fi les loix font affez fages pour s'y oppofer, en établiffant fo-lidement la fituation des Magiftrats : c'eft-à-dire, fi elles ont difpofé de telle maniere le gouvernement, que ces Magiftrats ne puiffent trouver aucun avantage à négliger ou déna-turer les fonctions des contreforces dont ils font chargés.

Notre Auteur a-t-il oublié les deux mobiles qui font agir les hommes, l'appétit du plaifir & l'averfion de la

douleur ? Et qui empêche que, par
des inftitutions prudentes, on ne
contraigne les Magiftrats d'une République à chercher & trouver un
plaifir conftant dans l'exercice fidele
& exact de leurs devoirs ? J'imagine,
Monfieur que, foit par le partage
de la puiffance en différentes branches, foit par la durée des Magif-
tratures & les récompenfes qu'on
leur accorde, la politique peut parvenir à n'expofer fes Magiftrats à
aucune tentation, & à fe rendre
maîtreffe de leurs paffions ; & fi un
Légiflateur rempliffoit ce projet,
pourquoi *deviendroit-il impoffible de
pouvoir compter fur les contreforces
morales* ? L'effet que le Citoyen en
efpere, ne feroit-il pas auffi certain
que l'effet que le Mécanicien attend
des contreforces phyfiques ? Si l'é-
quilibre des pouvoirs eft établi avec
fageffe, il fixera l'opinion publique,
& attachera également les Magiftrats & les Citoyens à l'Etat ; parcequ'ils trouveront d'un côté la fûreté,
le repos, & le bonheur en un mot,

qu'ils attendoient en se mettant en
société, & que, de l'autre, ils ne
verront que des obstacles à surmon-
ter, un précipice sous leurs pieds,
& un glaive suspendu sur leurs têtes,
s'ils veulent violer l'ordre. C'est sur
des Républiques bien gouvernées
qu'il faut jetter les yeux, si l'on
veut juger de ce que peuvent les
contreforces morales, & non sur des
Etats où la puissance, partagée d'une
maniere capricieuse & sans regle,
entretient des troubles continuels,
échauffe les passions sans les diriger,
ne se soutient & ne se défend que
par des conjurations continuelles.

*Dans l'ordre social*, dit notre Auteur, *toute force est le produit d'une
réunion d'opinions & de volontés, &
le principe de cette réunion est évident
ou arbitraire.* Soit : que va-t il conclure de-là ? que, *dans le systême des
contreforces, on ne peut supposer que ce
principe soit évident, parcequ'alors il
n'y auroit qu'une seule volonté & une
seule force sociale.* Belle conclusion
qui n'est qu'un cercle vicieux, &

suppose comme prouvé ce qui est en question ! Pourquoi donc ne pourroit-il pas paroître évident à un peuple, qu'il est sage de partager la puissance en différentes branches, & d'en confier l'administration à différents Magistrats, pour l'empêcher de devenir oppressive ? Les Nations les plus célebres & les Philosophes les plus profonds l'ont cru. Si ces contreforces étoient établies sur de justes proportions, de sorte qu'il en résultât, comme je l'ai dit, un bien général ; pourquoi tous les ordres de l'Etat n'auroient-ils pas une même volonté de conserver cette forme de gouvernement ? Je ne devine point comment cette seule volonté, d'où naîtroit une seule force sociale, détruiroit & anéantiroit les contreforces ; puisque chaque Citoyen auroit la volonté de les conserver, & concourroit à leur conservation par la réunion de ses forces particulieres.

Notre Auteur considere les contreforces d'une République comme autant de factions ennemies les unes des autres, & qui ne travaillent qu'à se perdre, & à subjuguer l'Etat. J'en conviens, ce vice n'est pas rare chez les Peuples libres ; & je vous prie de remarquer qu'il n'est pas une suite du partage de l'autorité, mais de la maniere peu raisonnable dont on a fait ce partage, ou de la négligence avec laquelle on a veillé à sa conservation, quand des événements importants ont dérangé l'harmonie de toutes les pieces du gouvernement. Il plaît à notre Auteur de dire que le principe qui réunit les volontés dans le syftême des contreforces, *ne peut être qu'arbitraire :* je le nie ; ce principe au contraire est puisé dans la nature même de l'homme. En nous rapprochant de l'égalité primitive, il réprime & dirige nos passions dont notre raison nous avertit continuellement de nous défier. Comme on peut calculer la marche, les efforts & les effets des passions, on peut aussi calculer la force des obstacles qu'on leur oppose ; rien par conséquent ne sera arbitraire dans les loix que fera un Législateur habile pour regler la forme du gouvernement mixte, & chaque Citoyen sera attaché à l'ordre public par son intérêt particulier.

Je serois tenté de croire que notre Auteur ne s'est pas fait une idée bien nette de cette sorte de gouvernement ou du partage de l'autorité, vous en allez juger, Monsieur. Pour donner le modele *de la plus grande contreforce possible*, il imagine un Souverain qui ne peut rien ordonner que du consentement de son Conseil, & un Conseil qui à son tour ne peut agir sans le Souverain ; *& ce corps*, nous dit-on, *se trouve institué de maniere qu'il forme réellement deux puissances dont les forces sont destinées à se trouver en opposition.* Voilà qui est fort bien ; mais quand on crée différentespuissances dans unEtat,ce n'est point pour qu'elles s'empêchent

mutuellement de remplir leurs fonctions, mais pour qu'elles se bornent
à les remplir, & que n'empiétant
point les unes sur les droits des
autres, aucune ne s'agrandisse assez
pour faire des usurpations qui la
rendroient arbitraire. Il n'est jamais
entré dans la tête d'un Législateur
de donner à son gouvernement une
forme qui le rendroit nul ; & c'est
cependant ce qui résulteroit de
l'hypothese de notre Auteur, car
un gouvernement qui ne peut agir,
est comme s'il n'étoit pas. Que
notre Auteur fasse voir ensuite tous
les défauts de cette ridicule institution, personne ne s'y opposera,
tout le monde applaudira à sa cri-
tique ; mais on lui dira qu'il se bat
contre des moulins à vent, & non
pas contre des géans.

*Il est impossible, dit-il, qu'entre*
*ces forces opposées les unès aux au-*
*tres, il ne se perpétue pas une guerre*
*sourde & insidieuse, pendant laquelle*
*les brigues, les séductions, les tra-*
*hisons de toute espece deviennent des*

*pratiques habituelles & nécessaires ;
guerre cruelle & destructive qui se fait
toujours aux dépens de la Nation nécessairement victime de la cupidité des
combattants.* Entendons-nous, Monsieur, je nie formellement l'existence
de cette guerre qui vous fait peur,
si les différents ordres de Citoyens
sont contens de leurs prérogatives
particulieres, si aucun n'est humilié,
si aucun n'est sacrifié aux autres,
& qu'ils aient tous partagé avec
tant d'égalité la puissance publique
entre divers Magistrats qu'aucun ne
puisse se flatter de s'agrandir aux
dépens des autres. A moins que de
de vouloir admettre des effets sans
cause, vous sentez que la paix la
plus profonde doit regner dans cette
Société ; car en supposant qu'un
Citoyen brouillon voulût porter son
ordre à se faire de nouveaux droits
& à remüer, ce ne feroit qu'un
insensé qui feroit aisément réprimé
par les Magistrats ; ou si c'étoit un
Magistrat lui-même qui tentât cette
entreprise , ses Collégues ne lui-

opposeroient pas des obstacles moins insurmontables..

Transportons - nous actuellement dans une République où différentes classes de Citoyens possedent des droits inégaux & sont divisées par leur jalousie ; il y regnera certainement une agitation continuelle. Mais avant que de vous effrayer des suites qu'elle peut avoir, ne seroit-il pas à propos d'examiner si ce peuple a des mœurs ou non ; s'il agit par ambition , ou si conduit par l'amour de l'égalité , il ne veut qu'établir l'Ordre ? Dans le premier cas , on ne voit qu'une louable émulation qui , en donnant du ressort aux ames , attachera plus étroitement le Citoyen à sa Patrie ; & voilà ce que vous présente l'Histoire Romaine depuis la retraite du peuple sur le Mont-sacré jusqu'au Tribunat de Voleron : qui pourroit alors regarder la fermentation de la place publique comme un vice ? Dans le second cas on ne trouvera que des conjurés qui préférant leur avantage particulier au bien public, feront prêts à commettre toutes les injuftices qu'ils croiront utiles à leur fortune ; & tel eft le tableau qu'offre la République Romaine, depuis qu'elle fut corrompue par fes conquêtes & fes richeffes jufqu'au moment de fa ruine. Ce premier examen ne fuffit pas, il faut encore étudier la nature du gouvernement. Si plufieurs Magiftrats s'impofent mutuellement, fi aucun ne peut, fans de grands dangers, franchir les limites qui lui font marquées, ni empiéter fur les droits de fes Collégues ; foyez fûr que les différentes forces de l'Etat ne s'armeront point les unes contre les autres pour le déchirer ; & que les Citoyens, malgré leurs divifions, agiront avec une forte de retenue. Mais fi nous ôtons cette barriere à l'emportement des paffions, fi nous fuppofons des Magiftrats qui puiffent efpérer de fe rendre des tyrans, la République eft infailli-blement perdue ; parcequ'ils travailleront eux-mêmes à hâter le mal qu'ils doivent empêcher. Ils s'étudieront à échauffer les efprits, à corrompre les mœurs, à inviter au mal, & croiront trouver au milieu des troubles un moment favorable à leur ufurpation ; & fi par hafard ils vouloient enfuite les arrêter, ils n'en feroient plus les maîtres.

Si ces réflexions font vraies, vous en conclurez, Monfieur, que les mœurs méritent la principale attention de la politique, & que bonnes ou mauvaifes elles décident du fort des Etats. Si nous nous tranfportons enfuite dans la Cour de votre Defpote légal, c'eft-là que nous trouverons cette guerre fourde & infidieufe dont parle notre Auteur. C'eft à la Cour de Pékin qu'il y a plus de brigues, de féductions & de trahifons de toute efpece, que dans une République qui n'eft pas parvenue au comble de la corruption. Ne nous laiffons pas tromper par le calme apparent qui paroît y régner. Des esclaves n'osent pas être audacieux, & c'est parceque leur ame avilie n'est capable que de vices abjects, qu'ils trament leurs intrigues dans l'obscurité, l'hypocrisie & le mensonge. Tout ce qui entoure l'Empereur est l'ennemi du reste de l'Etat, les Courtisans font une guerre sourde & insidieuse à tous les autres ordres ; & si les Chinois pouvoient secouer le joug qui les accable, on verroit dégénérer en une guerre ouverte cette prétendue paix que nos Missionnaires ont admirée, & qui est un état de mort pour la Société. Le prétendu bon ordre de la Chine n'est que le fruit d'une oppression graduelle & successive, dont le tronc, si je puis parler ainsi, est à Pékin, & dont les branches couvrent toutes les Provinces de l'Empire.

Il faut finir, Monsieur, car je crains de vous fatiguer & sur-tout de vous ennuyer ; & je n'examinerai plus qu'un ou deux raisonnements de notre Auteur. *Ce qui rend vicieux, dit-il, un gouvernement qui employe les contreforces, c'est précisément la multitude des contreforces qui s'y forment naturellement, parcequ'il s'établit naturellement un grand nombre d'opinions différentes & d'intérêts particuliers opposés les uns aux autres : aussi cette division tend-elle à l'anarchie & à la dissolution de la Société.* J'ai beau étudier les principes du gouvernement mixte, je ne comprends point pourquoi ne tendant par sa nature qu'à unir les Citoyens & les empêcher de se nuire, il seroit si propre à les diviser : expliquez-moi, je vous prie, Monsieur, cette énigme. Dans un pareil gouvernement chacun est maître de son opinion ; mais que résulte-t-il de cette liberté ? Que l'ignorance est moins stupide, les préjugés moins opiniâtres, & qu'on est par conséquent plus près de la vérité. Il me seroit aisé de vous prouver que notre Auteur a tort dans ce qu'il dit ici des contreforces, ou qu'il s'eſt trompé quand il a fait valoir les avantages de la diſcuſſion, & qu'il a parlé de l'empire que l'évidence exerce ſur notre eſprit.

Qu'eſt-ce, je vous prie, que cette multitude de contreforces qui ſe forme naturellement dans le gouvernement que vous blamez ? S'il s'y trouve une puiſſance plus conſidérable que les autres, ne craignez pas que celles qui ſont deſtinées à s'oppoſer à ſes abus, ſe diviſent entr'elles, & ne s'apperçoivent pas qu'il leur importe d'être unies pour n'être pas affoiblies. Ce n'eſt que la ſécurité qui laiſſe ſubſiſter la diverſité d'opinions qui ſemble les diviſer ; mais au moindre danger elles n'auront plus qu'un même intérêt & une même opinion. J'ai pour moi l'expérience de tous les temps ; & ſans recourir à l'hiſtoire, vous connoiſſez trop bien le cœur humain pour douter de cette vérité. On diroit que notre Auteur n'a pas eu en vue un Etat qui a établi différents ordres de pouvoirs pour

les

les balancer & les tenir tous également soumis à des loix certaines ; mais qu'il n'a considéré qu'une malheureuse Société qui est déchirée par des factions , & où la ruine des loix & du gouvernement laisse les Citoyens sans protection , sans confiance les uns pour les autres , & les oblige tous à ne consulter que leurs caprices & leurs passions.

Après avoir fait de si foibles raisonnements, jugez, Monsieur , si notre Auteur a raison de s'écrier (1) : *qui est-ce qui ne voit pas , qui est-ce qui ne sent pas , que l'homme est formé pour être gouverné par une autorité despotique ?* C'est moi , lui répondra toute personne un peu plus difficile que lui en évidence , & qui aura éprouvé l'illusion séduisante des passions. En douant les hommes de la raison , la Nature ne les destine pas à être gouvernés comme des brutes. *Qui est-ce ,* nous dit-on , *qui n'a pas éprouvé que si-tôt que l'évidence s'est rendue sensible , sa force*

_______________________

(1). Chap. 22 , p. 280.

*intuitive & déterminante nous interdit toute délibération ?* Je demande, à mon tour, qui n'a pas éprouvé que les paffions nous aveuglent, & que l'évidence ne fe rend point fenfible aux aveugles ? *Le defpotifme naturel de l'évidence amene le defpotifme focial.* Je vous demande pardon, Monfieur, l'évidence eft un Defpote foible & fouvent détrôné par les paffions ; ainfi c'eft un foible protecteur de l'Ordre , on ne peut point compter fur fa force ; & je conclurai de toutes les difgraces qu'a éprouvées l'évidence, que tout le fyftême de notre Auteur n'eft qu'une vraie chimere.

Si on lui dit que *le defpotifme n'a fait que du mal, & que par conféquent il eft effentiellement mauvais,* il nous affure que cette façon de raifonner n'eft pas conféquente ; & voici fa preuve : *on pourroit dire auffi, la Société occafionne de grands maux, donc elle eft effentiellement mauvaife ; & ce fecond argument,* ajoute-t-il, *vaudroit bien le premier* Eft-ce que ne faire que du mal ou occafionner du mal eft la même chofe ? D'ailleurs les Ecrivains qui ont parlé du defpotifme , ne fe bornent pas à dire qu'il n'a fait que du mal , ils ajoutent qu'il n'a pu faire que du mal ; & ils le prouvent en faifant voir que les pays , foumis à ce gouvernement , ont été malheureux même fous les Titus , les Trajan & les Antonins. Quand on dit que la Société occafionne de grands maux , c'eft une maniere impropre de rendre fa penfée , & on s'exprimeroit avec plus de juftefse , en difant qu'elle ne peut remédier à toutes les foibleffes & à tous les vices de l'humanité.

Je m'arrête ici, Monfieur, il eft temps de vous débarraffer de moi, de mes doutes & de mes objections. Si j'ai cru ne trouver que des erreurs & une doctrine fophiftiquée & dangereufe dans les deux premieres parties de l'Ordre naturel & effentiel des Sociétés , je vous dirai avec la même fincérité que la troifieme partie de cet ouvrage préfente un grand nombre de vérités importantes sur l'impôt, l'agriculture & le commerce. J'aurois quelque envie de vous entretenir encore sur un certain Chapitre trente cinquieme, où je crois voir beaucoup d'erreurs mêlées à quelques vérités ; mais cet examen demanderoit un ouvrage, & j'avoue que je n'ai pas le courage de l'entreprendre. J'attends vos éclaircissements avec la plus grande impatience, & quoique vous me regardiez peut-être comme un esprit rebelle à l'évidence, & dont on ne peut espérer la conversion, je vous prie de ne me les pas refuser.

J'ai l'honneur d'être,

Monsieur,

Votre très humble, &c.

ce 27 Octobre 1767.

9 782329 468426